DE LA NATURE

DU

DROIT AUX PRÉLÈVEMENTS

ET REPRISES DE LA FEMME COMMUNE

DE LA

LITIS CONTESTATIO

CONSIDÉRÉE DANS SES EFFETS SUR LE DROIT D'ACTION.

DISSERTATIONS

Présentées à la Faculté de droit de Poitiers pour obtenir le grade de
Docteur,

Et soutenues le samedi 31 janvier 1857, à 2 heures du soir,

DANS LA SALLE DES ACTES PUBLICS DE LA FACULTÉ,

PAR

Paul Taudière

POITIERS
IMPRIMERIE DE A. DUPRÉ
Rue de la Mairie, 10.

1857.

DE LA NATURE

du

DROIT AUX PRÉLÈVEMENTS

ET REPRISES DE LA FEMME COMMUNE.

Suum cuique.

DE LA

LITIS CONTESTATIO

CONSIDÉRÉE DANS SES EFFETS SUR LE DROIT D'ACTION.

Contrahitur in judicio.

DISSERTATIONS

Présentées à la Faculté de droit de Poitiers pour obtenir le grade de Docteur,

Et soutenues le samedi 31 janvier 1857, à 2 h. 1|2 du soir,

DANS LA SALLE DES ACTES PUBLICS DE LA FACULTÉ,

PAR

Paul Taudière

AVOCAT.

POITIERS
IMPRIMERIE DE A. DUPRÉ
Rue de la Mairie, 10.

1857.

COMMISSION :

PRÉSIDENT,   M. FOUCART ✚, doyen.

SUFFRAGANTS,
{
M. PERVINQUIÈRE (A.) ✳,
M. RAGON,
} Professeurs.
M. PERVINQUIÈRE (M.),
M. LEPETIT,
} Suppléants.

—•••—

Vu par M. le doyen, FOUCART ✚.

Vu par M. le recteur, JUSTE ✳.

« Les visas exigés par les règlements sont une garantie des principes
» et des opinions relatives à la religion, à l'ordre public et aux bonnes
» mœurs (*Statut du 9 avril* 1825, *art.* 11), mais non des opinions
» purement juridiques, dont la responsabilité est laissée aux candidats.

» Le candidat répondra en outre aux questions qui lui seront faites
» sur les autres matières de l'enseignement. »

DE LA NATURE

DU

Droit aux Prélèvements

ET REPRISES DE LA FEMME COMMUNE.

———◆◆———

MONOGRAPHIE.

§ 1er.

La question qui fait le sujet de cette thèse, a soulevé dernièrement, dans la doctrine et dans la jurisprudence, de nombreuses discussions. Cinquante années d'habitude ont donné, dans l'esprit des jurisconsultes et des praticiens, comme une sorte de droit de possession à cette opinion qui regarde la femme commune comme créancière de ses prélèvements et reprises. Pour la plupart, l'opinion contraire est une nouveauté; il lui faut lutter contre les préventions qui accueillent toute idée nouvelle; et pourtant il s'en faut bien qu'elle ait ce caractère. Loin d'être neuve en effet, elle se trouve plus ou moins nettement formulée dans les écrits d'un certain nombre de nos anciens jurisconsultes.

Ce système, qui remplace le droit de créance par un droit de propriété, est essentiellement protecteur des droits des femmes.

Quoi qu'on en ait dit, c'est là son caractère principal, et, le régime de la communauté une fois admis dans nos coutumes, il était impossible qu'il ne vînt pas à se produire. L'histoire en effet de toutes les législations présente un fait identique : la femme qu'une loi supérieure, je pourrais dire une loi divine et immuable, a placée dans la dépendance de l'homme, voit sa condition d'infériorité s'améliorer progressivement. Sans doute sa dépendance subsiste ; il ne doit pas y avoir émancipation pleine et entière, et, pour me servir d'une expression familière, l'homme reste toujours le maître ; mais cette domination du sexe masculin, et sur la personne et sur les biens de la femme, n'a plus ce caractère absolu qui se remarque à toutes les origines. A mesure que la personnalité de la femme grandit, ses droits se formulent avec plus d'énergie ; la loi les accueille avec plus de faveur et les entoure d'une protection plus efficace. Sans diminuer plus qu'il ne faudrait la puissance du mari, elle assure la condition de l'épouse contre les excès de cette même puissance.

Voyez à Rome : de la loi des XII Tables à la législation de Justinien, quel chemin a fait l'idée protectrice de la femme ! Quant à la personne, que reste-

t-il de l'austérité primitive du vieux droit aristocra-
tique, de la *patria potestas*, de la *manûs*, de la tutelle
perpétuelle? Quant aux biens, que de lois se sont
succédé sans interruption pour lui en assurer la conservation ! On l'a dit avec justesse : sous Justinien, à
l'encontre de son mari et des tiers, la femme est pro-
tégée jusqu'à l'injustice.

Dans l'histoire de notre législation, c'est la même
marche, le même progrès. La famille germanique avait
pour fondement un esprit de protection et de société,
plutôt que le seul lien de la puissance, comme à Rome.
Pour ce qui regarde la femme, le *mundium* du père
et de l'époux était certainement moins rigoureux que la
patria potestas et la *manus*. Cependant ce pouvoir
devait encore être assez étendu : les mœurs germa-
niques étaient, en définitive, des mœurs barbares, et le
sort des femmes devait nécessairement s'en ressentir.
Ces mœurs laissèrent de profondes traces, et, longtemps
après la conquête, Beaumanoir accordait encore au
mari, en certains cas, le droit de battre sa femme.—
Le *mundium* appartenait au chef de famille, et il fallait que le futur époux achetât ce pouvoir du père pour
l'acquérir sur sa femme. Plus tard, ce prix d'achat
changea de nature, et au lieu d'être donné au père, il
devint un simple présent fait à la femme. C'est là l'origine du douaire et le premier adoucissement du *mundium* germain. Mais il subsista encore longtemps, et il
continua à être la loi de la famille féodale, où il résidait,

comme en Germanie, sur la tête de celui qui pouvait, l'épée à la main, défendre la famille et faire le service du fief.

Ce pouvoir donnait au mari le droit de retenir sous son administration tous les biens immeubles de la femme, qui lui restaient propres, mais dont elle ne pouvait disposer, même par testament, sans son autorisation. Tout le reste était acquis au mari. A la dissolution du mariage, la femme avait seulement droit, d'après la loi des Ripuaires, au tiers des bénéfices résultant du travail commun. Les Capitulaires (c. v, 295) ajoutèrent à ce tiers une part d'enfant dans tous les autres biens du mari. Enfin, plus tard, elle eut droit à la moitié des meubles et acquêts. Mais ce n'était point là un droit de communauté; elle prenait cette moitié, non point comme femme, mais comme veuve. C'était un gain de survie, et ses héritiers n'en jouissaient pas; ils reprenaient seulement ce qu'elle avait apporté en mariage. C'est ce que porte expressément l'ordonnance de Philippe-Auguste de Pont-de-l'Arche, en 1219 (1). En prenant cette moitié des meubles et des acquêts, la femme s'o-

_____

(1) Si mulier sine heredo decesserit, parentes ipsius mulieris non participabunt cum marito ex his quæ ipsa et maritus simul acquisierunt dum ipsa viveret, in mobilibus nec in tenementis. Imo quiete remanebunt marito ipsius mulieris, salvis rationabilibus legatis ipsius mulieris. Parentibus vero mulieris accedat id quod ipsa secum attulit in matrimonium, salvo legato suo, quod ipsa poterit facere per jus.

bligeait à payer la moitié des dettes contractées par le mari pendant le mariage. Cette obligation devint onéreuse quand les seigneurs grevèrent leur fortune pour se procurer l'argent nécessaire pour les croisades et les voyages d'outre-mer. L'usage vint au secours des femmes nobles, et le Grand Coutumier, f° 78, consacrant l'usage, porte : « Item, l'on dit communément que la femme noble a élection de prendre tous les meubles et payer toutes les dettes, ou de renoncer aux meubles pour être quitte des dettes. De l'homme noble, il n'est mie ainsi. » C'est là l'origine de la renonciation à la communauté; mais ce n'était point encore la communauté elle-même.

Elle ne devait pas naître dans la famille féodale, où la femme ne pouvait jouer qu'un rôle secondaire ; mais, dans la campagne et dans les villes, le travail de la femme avait plus de valeur et il était plus naturel de la regarder comme une associée. La communauté naquit de l'esprit d'association du moyen âge et de l'affaiblissement du *mundium* germain, qui pourtant lui laissa beaucoup de ses principes. Ainsi le pouvoir du mari sur les biens communs, son droit d'administration sur les propres de la femme, la nécessité pour cette dernière d'avoir son autorisation, sont autant de traces du *mundium* germanique. Mais il y a des adoucissements : la femme n'a pas besoin d'autorisation pour tester. D'après la loi féodale, la femme n'avait pas répons en cour laie, parce qu'elle avait seigneur ; le

mari la représentait. Dans la communauté, il ne fait que
l'autoriser, comme pour la disposition de ses propres.
La femme n'est plus réduite au tiers des biens acquis
par le travail commun : elle a droit à la moitié des
biens communs, et le patrimoine de la communauté,
ce sont tous les meubles appartenant aux époux au
moment du mariage, ou qui leur sont advenus depuis,
ainsi que tous les immeubles achetés pendant la durée de l'union. Malgré tout, il est encore des obligations
bien dures pour la femme. Il lui faut toujours, bon gré
mal gré, prendre cette moitié de biens communs et payer
la moitié des dettes de communauté. Au xv⁰ siècle
seulement, l'autorité de Jean-Jacques de Mesmes fit
étendre aux communautés roturières cette faculté de
renonciation accordée aux femmes nobles. Enfin tout
ce que les époux pouvaient avoir de meubles entrait
nécessairement en communauté, fût-ce même le prix
d'un propre aliéné. Aussi disait-on au palais qu'un
mari devait se relever trois fois la nuit pour vendre le
bien de sa femme. Dumoulin s'éleva fortement contre
l'odieux de ce droit, et dès 1567 on jugeait que la femme
ne serait tenue des dettes que jusqu'à concurrence de
ce qu'elle prendrait dans la communauté. En 1580, les
réformateurs de la coutume de Paris admirent que la
femme ne serait point tenue des dettes communes au
delà de son émolument de communauté, et lui assu-
rèrent la conservation de sa fortune propre. « Si
durant le mariage est vendu aucun héritage ou rente

propre, appartenant à l'un ou à l'autre des conjoints par mariage, ou si ladite rente est rachetée, le prix de vente ou rachat est repris sur les biens de la communauté au profit de celui auquel appartenait l'héritage ou rente, encore qu'en vendant n'ait été convenu de remploi ou récompense, et qu'il n'y ait eu aucune déclaration sur ce fait. » (Art. 232 Cout. réf. de Paris.)

Comment la femme reprendrait-elle cette récompense ? viendrait-elle à contribution avec les créanciers de la communauté, ou la prélèverait-elle avant tous par un droit plus fort? C'était bien là notre question. Les auteurs et la jurisprudence se divisèrent ; certains jurisconsultes regardèrent la femme comme une simple créancière de communauté ; d'autres lui accordèrent un droit plus élevé. Coquille, sur l'art. 7 de la coutume de Nivernais : « La veuve, quoiqu'elle se trouve
» commune en biens, n'est tenue des dettes de son mari,
» auxquelles elle n'a pas contracté expressément, sinon
» jusques à concurrence de la part qu'elle prend ès
» meubles et conquêts de la communauté. Ainsi fut dit
» par arrêt solennel prononcé par M. le président Séguier
» le 14 août 1567, pour Anne Spifame, femme de
» M. Jean Meunier. J'y étais présent, et fut dit qu'elle
» prendrait ses propres et son douaire, sans charge des
» dettes faites par son mari. La raison dudit arrêt est
» que, si autrement était, le mari par voie oblique
» aurait puissance sur les propres et douaire de sa

» femme, desquels toutefois la coutume lui défend
» l'aliénation. Plusieurs coutumes nouvellement rédi-
» gées ont tranché la question suivant ledit arrêt : Paris,
» 228; Orléans, 187; Tours, 200; Melun, 217. »
Et sur l'art. 18, suivant lequel la femme reprend ses deniers réalisés sur les biens meubles et conquêts de la
communauté, Coquille dit : « Sur les biens meubles de
» la communauté : — C'est bien raison, parce que les
» deniers réalisés y sont entrés ; et parce qu'il est
» bienséant de présumer le bon ménage plutôt que le
» mauvais, il faut croire que les mêmes deniers sont
» encore existants ès autres meubles ou conquêts faits
» d'iceux et *subrogés* au lieu d'iceux ; car en ces uni-
» versités que les docteurs appellent de fait, la subro-
» gation est et doit être admise, et ainsi qu'il n'y ait
» de déclaration expresse..... » Et plus bas : « Mais
» bien sera tenue la femme prendre des corps de con-
» quêts, pourvu qu'ils soient à sa commodité raison-
» nable, comme si c'était de l'emploi de ses deniers,
» et tel est présumé, ainsi que Chappin dit avoir été
» jugé par arrêt. »
La jurisprudence se divisa comme les auteurs, et
Papon, dans les Arrêts notables, 1° Hypothèque, n° II,
p. 650, rapporte un arrêt du 23 décembre 1585 qui admet seulement la femme à venir à « contribution au sol
» la livre pour les sommes à elle dues. » Mais Bacquet
rapporte que ce même arrêt émendait une sentence
donnée par Messieurs des requestes du Palais, ce

qui prouve que la jurisprudence n'était point fixée.

Poquet de Livonière était d'avis « que lorsqu'on
» donne à la femme des conquêts pour remploi, sui-
» vant l'opinion commune des docteurs, autorisée
» par la jurisprudence des arrêts, il n'est point dû
» de lods et ventes aux seigneurs, parce que cela se
» fait par manière de partage de communauté, et que
» la femme n'est pas étrangère à l'égard de cette
» sorte de biens, sur lesquels elle a un droit positif ou
» de prétention. Tel est l'avis de Dumoulin sur l'ar-
» ticle 78 de la coutume de Paris, gl. 1, n° 3,
» qui a été suivie par ceux qui sont venus après lui,
» et j'ai remarqué deux arrêts conformes : le pre-
» mier du 4 juin 1619, rendu dans cette coutume
» d'Anjou, rapporté par Bardet, t. 1, liv. 1er, cha-
» pitre 59 ; le second, le 30 mars 1721. » (Traité des
fiefs, 1. 3, ch. 5, sect. 3, p. 190 et suiv.)

Au xviie siècle, Lebrun avait (p. 262, n° 45,
Traité de la communauté) résumé la controverse d'une
manière complète, et à la page 387, n° 31, du même
traité, il avait pris parti pour le système du droit de
propriété : « La reprise n'est pas une dette, mais une
» distraction, et la fiction, imitant la vérité, la femme
» reprend ses deniers réalisés, comme elle fait de ses
» immeubles réels. »

Au xviiie siècle, la question était encore pendante et
s'agitait vivement. Deux actes de notoriété de 1711 et
de 1745 nous apprennent que la jurisprudence du
Châtelet de Paris était favorable au système du droit de

créance de la femme. Mais la publication de ces actes de notoriété n'est-elle pas une preuve éclatante de la persistance avec laquelle se reproduisait l'opinion du droit de propriété de la femme ?

Pothier lui-même (Traité des succ., ch. 5, art. 2, § 1) signalait cette doctrine : « Ces reprises paraissent à
» plusieurs devoir être regardées , moins comme une
» créance, que comme donnant à celui qui les a , un
» *droit plus fort* dans la communauté, qu'a le conjoint
» qui a ses reprises à exercer , lequel diminue d'autant
» celui de l'autre conjoint qui n'en a pas de pareille à exer-
» cer ; en conséquence, la succession du prédécédé ne
» doit point être regardée comme débitrice des reprises
» du survivant, mais plutôt comme n'ayant jamais été
» propriétaire d'autre chose dans les biens de la commu-
» nauté que de celles qui lui sont échues dans son lot
» *après les prélèvements* faits au profit du survivant,
» le surplus des biens de la communauté étant censé
» avoir toujours appartenu au survivant qui avait des
» reprises à exercer. » Pothier , qui signale cette opinion suivant laquelle on attribue à la femme un droit plus fort qu'un droit de créance, Pothier se laisse en-traîner parfois par la rigueur de logique de ce système. Sur l'art. 232 de la coutume de Paris, comme nous aurons occasion de le faire voir, les adversaires eux-mêmes du système que nous voulons défendre, recon-naissent que Pothier revenait à la doctrine de Coquille et de Dumoulin.

En 1801 , le législateur s'est trouvé en présence de

cette diversité d'opinions, et, comme sur bien d'autres
points controversés dans notre ancienne jurisprudence,
il n'a point tranché la question d'une manière formelle
et précise. Il faut savoir cependant quelle a été sa pensée, et si le droit de propriété de la femme, pour n'être
pas formellement inscrit au titre du contrat de mariage, ne ressort pas de la lettre et de l'esprit du Code
Napoléon.

La pensée du législateur de 1804 était centralisatrice
au premier chef, et, dans le droit civil comme dans le
droit administratif, on retrouve comme loi des associa-
tions cette centralisation qui doit leur donner force et
unité. Aussi trouvons-nous au Code Napoléon, comme
type du contrat de mariage, le régime de la communauté. Ce qui frappe en effet dans ce régime, c'est la
forte concentration du pouvoir administrateur de la l'association conjugale ; c'est sur la tête du mari que rési-
dent tous les pouvoirs ; il est le chef dont la volonté doit
donner unité de vue, simplicité dans l'application des
forces de la société des époux. Il administre les biens de
la communauté en maître irresponsable, il en dispose
pro libidine animi; vendre, hypothéquer, aliéner, il
peut tout sans contrôle; même donner, sauf certaines
restrictions. Sur les biens de la femme, il a également un
droit quasi-absolu d'administration. Les actions mobilières et possessoires qui sont restées propres à la femme,
c'est encore lui qui les exerce. Il n'est responsable que
des dépérissements et des dommages arrivés par sa faute

ou sa négligence. Jamais la femme ne peut engager les
biens communs sans l'autorisation maritale, et c'est
dans de rares exceptions que l'autorisation de justice
peut remplacer celle du mari. *Constante matrimonio*,
la femme reste en tutelle; elle n'a pas un mot à dire, pas
un moyen de contrôle légal sur les actes de son mari.
Son droit existe, mais il sommeille.

Si le rôle de la femme est passif, le législateur a su
aussi garantir ses intérêts et ses droits contre les fautes
et la mauvaise volonté du mari.

Il les a entourés d'une protection assurée par de nom-
breux priviléges. Durant le mariage, si la femme a
l'heureuse chance d'être avertie à temps, elle pourra
prévenir un malheur par la *séparation de biens*. Après
la dissolution, la communauté est-elle mauvaise, le
sacrifice de son apport à cette communauté lui permet,
par la *renonciation*, de s'affranchir de toutes les dettes
communes. S'il y a des doutes, elle peut encore accepter;
et, au prix de certaines précautions, l'art. 1483 C. N.
lui assure le privilége de n'être tenue de ces dettes communes que jusqu'à concurrence de son émolument. C'est
à ce point de {vue qu'il faut} se placer pour examiner
les art. 1470, 1471, 1472 sur lesquels roule toute
la discussion. C'est un esprit de protection pour la
femme contre le mari, et par conséquent contre ceux
qui tiennent leur droit du mari seul, qui les a dictés; et
une preuve, c'est l'ordre et le mode suivant lesquels
s'exerce le droit au prélèvement consacré par ces arti-

cles : l'ordre, la femme prélève avant le mari ; le mode, la femme choisit à son gré les biens qui doivent la remplir de ses droits.

§ II.

Une femme se marie sans contrat, ou en déclarant qu'elle accepte pour régime conjugal le régime de la communauté légale. Dès l'instant du mariage, tous ses biens meubles tombent en communauté ; elle perd sur eux toute espèce de droit de disposition. Dès l'instant du mariage, à cette société qui vient de naître, où elle n'aura qu'un rôle muet et passif, à cette société tout entière dévouée à la volonté du mari, elle apporte toute sa fortune mobilière, tous les revenus de ses immeubles, tous les fruits de son travail pendant toute la durée de l'union : n'est-ce pas déjà beaucoup ? Quant à ses biens immeubles, si elle en perd l'administration, elle en conserve toujours la propriété, et elle n'entend en aucune façon faire jamais profiter de ces valeurs immobilières, ni le mari, ni la communauté, ni les créanciers de l'un ou de l'autre.

Pendant la durée de l'union, cette femme commune vend, avec l'autorisation de son mari, un de ses immeubles propres moyennant une somme de 20,000 fr.; arrivent la dissolution du mariage et la liquidation de

2

la communauté. Il s'agit de prélever les 20.000 fr. —
Qu'est-il advenu par la vente de l'immeuble propre? La
femme, par ce contrat, s'est bien évidemment dessaisie
de la propriété de l'immeuble en faveur de l'acquéreur.
Mais est-ce à dire, en ce qui concerne la communauté,
qu'elle a entendu renoncer à toute espèce de droit propre
sur la valeur de cet immeuble, sur les 20,000 fr.
qui en sont la représentation? La femme a changé la
nature de son bien propre: au lieu d'une valeur im-
mobilière, c'est un meuble. Mais en résulte-t-il qu'elle
a entendu faire de ce bien propre le gage des créanciers
du mari ou de la communauté? On a dit : « En ce qui
» concerne les *propres mobiliers*, la femme sait, en
» adoptant le régime de la communauté, que cette com-
» munauté, par l'administration du mari, en usera, et
» que, s'il s'agit de choses qui se dénaturent par l'u-
» sage, ces choses seront dénaturées et transformées,
» en sorte que, ne pouvant être reprises ni retrouvées
» en nature, elles ne laissent après elles qu'une créance
» d'indemnité. Elle admet donc à l'avance, et par la
» seule force de son régime matrimonial, cette espèce
» de dépouillement mobilier. » Que veut-on dire, et
quelle singulière force on attribue aux principes de la
communauté? Sous ce régime, il y a sans doute un
dépouillement mobilier; mais, dès le commencement
du mariage, l'étendue en est fixée. L'art. 1401, Code
Napoléon, détermine à quels meubles la communauté
a droit de prétendre : « La communauté se compose

activement : 1° de tout le mobilier que les époux possédaient au jour de la célébration du mariage, ensemble de tout le mobilier qui leur échoit pendant le mariage à titre de succession ou même de donation, si le donateur n'a exprimé le contraire ; 2° de tous les fruits, revenus, intérêts ou arrérages, de quelque nature qu'ils soient, échus ou perçus pendant le mariage, et provenant des biens qui appartenaient aux époux lors de sa célébration, ou de ceux qui leur sont échus pendant le mariage à quelque titre que ce soit; 3°....» Cet article prévoit quels meubles peuvent advenir aux époux pendant le mariage, et il les déclare communs. Mais attribue-t-il, en quoi que ce soit, à la communauté le prix d'un immeuble propre? C'est donc une pure hypothèse que de supposer chez la femme l'intention de se dépouiller, en faveur de l'actif de la communauté, de ce meuble qui représente son propre vendu.

Voici la loi du mariage que l'art. 1395 C. Nap. défend de modifier pendant sa durée: d'un côté, des valeurs mobilières qui deviennent communes; de l'autre, des valeurs immobilières soumises à l'administration du mari, qui restent propres. Les valeurs mobilières peuvent être employées en achat d'immeubles ; mais ces immeubles sont des acquêts de communauté : ils restent communs. « La communauté se compose actuellement : 1°...; 2°...; 3° de tous les immeubles qui sont acquis par le mariage (art. 1401). » Les immeubles propres peuvent être vendus; mais le prix qui les représente restera propre à la femme. Sans doute le mari conservera sur ce prix son droit d'administration : sans doute, on le comprend, ce droit s'~~~~~ra sur ce prix, sur cette somme ~~~gent, d'une autre manière que s~~ ~~~meuble lui-même. Mais parce que le fait de cette administration aura changé, transformé cette valeur propre, le droit de la femme aura-t-il été changé, transformé? Non, il sera resté le même, un droit de propriété.

Veut-on tout de suite une preuve de la persistance du droit de propriété? De quelles expressions le législateur se sert-il pour indiquer qu'un bien est commun? L'art. 1403 répond : « Les coupes de bois et les produits des carrières et mines *tombent dans la communauté* pour tout ce qui en est considéré comme usufruit.... « Ainsi, pour indiquer qu'un bien devient commun, on dit qu'il est tombé dans la communauté. Rapprochons maintenant l'art. 1595 C. N : « Le contrat de vente ne peut avoir lieu entre époux que dans les trois cas suivants : 1° celui....; 2° celui où la cession que le mari fait à sa femme, même non séparée, a une cause légitime, telle que le *remploi de ses immeubles aliénés ou de deniers à elle appartenant, si ces immeubles ou deniers ne tombent pas dans la communauté.* » Ainsi le prix des immeubles propres aliénés, les deniers appartenant à la femme, restent propres. Pour être soumis à l'administration du mari, *ils ne tombent point en communauté*, ils ne deviennen point communs. La femme reste toujours propriétaire de ces valeurs.

§ III.

L'art. 1471 C. N. dispose : « Les prélèvements de la femme s'exercent avant ceux du mari. — Ils s'exercent, pour les biens qui n'existent plus en nature, d'abord sur l'argent comptant, ensuite sur le mobilier, et subsidiairement sur les immeubles de la communauté. Dans ce dernier cas, le choix des immeubles est déféré à la femme et à ses héritiers... » Si la femme était simplement créancière, y aurait-il eu besoin d'énoncer l'ordre suivant lequel elle discuterait les valeurs de la communauté pour se remplir de ses reprises? A quoi bon prendre la peine d'indiquer « d'abord l'argent comptant, ensuite le mobilier, et subsidiairement les immeubles? » Et quelle nécessité d'obliger la femme créancière à se payer sur les biens en nature? Ne semble-t-il pas que la loi a supposé une simple tranformation des valeurs restées propres par le fait de l'administration du mari? Ces valeurs transformées doivent retourner de plein droit à leur propriétaire. — Comment expliquer encore le dernier alinéa de l'art. 1471, qui attribue à la femme et à ses héritiers le singulier privilège de choisir les immeubles de la communauté à leur

convenance, si la femme est simplement regardée comme
créancière ? Un créancier qui se paye par ses mains,
qui choisit à son gré, parmi les biens de son débiteur, les
immeubles plus à sa convenance, pour se payer en nature ! non pas seulement lui, mais ses héritiers, c'est-à-
dire, dans l'espèce, des étrangers, des collatéraux dont
peut-être le choix sera dicté par une pensée d'animosité
contre le mari ! c'est le renversement de tous les principes en matière d'obligation. Si la femme est propriétaire des valeurs qui doivent composer ses prélèvements,
rien de plus facile que d'expliquer ce droit d'option,
rien de plus logique. La femme était propriétaire de
certaines valeurs mobilières que le mari administrait,
et que, suivant son droit, il a changées en immeubles. Le
droit de propriété de la femme a subsisté, mais sans
assiette précise et certaine. Voici quelque chose d'analogue : Paul achète, moyennant une certaine somme
d'argent, une des trois maisons de Pierre, sans qu'il y
en ait une précisément désignée. Paul a bien acquis
un droit réel, un droit de propriété qui pourra servir
de base à une revendication ; seulement l'objet de ce
droit n'est pas certainement déterminé, et l'option de
Paul en faveur de l'une des trois maisons fixera l'objet
de son droit. Ainsi, dans notre espèce, parmi les immeubles qui se trouvent à la dissolution du mariage et
sur lesquels la femme doit exercer ses prélèvements, il
en est qui sont présumés achetés de ses deniers propres,
et auxquels elle a droit. A elle seule doit évidemment

appartenir le pouvoir de faire cesser l'incertitude et de
déterminer l'objet de son droit.

Si nous considérons maintenant dans leur ensemble
les art. 1470, 1471 et 1472, qui forment le système
complet de la loi sur les prélèvements, nous devons encore nécessairement faire sortir de cet examen le droit
de propriété. Après avoir consacré dans l'art. 1470 le
droit aux prélèvements, et indiqué dans l'art. 1471 le
mode suivant lequel ils s'exercent, le législateur règle
dans l'art. 1472 sur quels biens ils doivent se prendre.
Ici encore un nouveau privilége de la femme: elle
exerce ses reprises d'abord sur les biens de la communauté, puis, en cas d'insuffisance, sur les biens personnels du mari, tandis que ce dernier ne peut jamais
prélever que sur les biens de la communauté. Ce privilége d'ailleurs se justifie suffisamment par la situation
respective des deux époux pendant la durée du mariage. Les valeurs mobilières, en effet, qui sont restées
propres à la femme et qui doivent constituer ses prélèvements, sont toujours demeurées soumises à l'administration du mari: c'est lui qui les a touchées ; c'est
lui qui en a disposé. Si à la dissolution elles ne se re-
trouvent pas dans cette masse de biens vulgairement
appelée communauté, il ne peut être arrivé que deux
choses: ou ces valeurs ont péri par l'administration
du mari, et alors il est responsable de cette perte, comme
de toute perte ou dépérissement arrivé par suite de
son administration sur les propres de la femme; ou bien

il les a employées en amélioration sur ses biens personnels, et il est encore personnellemment obligé à tenir
compte de ces valeurs qui lui ont profité : il était donc
juste à tous égards, au cas où la femme ne retrouve pas
ses valeurs propres dans la communauté, de recourir
aux biens personnels du mari. Pour ce dernier, au contraire, la position est complétement différente : la
femme n'ayant aucun droit quelconque d'administration
qui pût lui mettre entre les mains les valeurs mobilières propres de son mari, ne peut jamais être responsable de ces valeurs : en conséquence, il est de toute
équité de n'accorder au mari aucune espèce de recours
sur ses biens.

Observons néanmoins qu'avant d'exercer action
contre son mari, la femme devra d'abord épuiser tous
les biens de la communauté. Quoi de plus naturel,
puisque parmi ces biens ont été déposées les valeurs
qu'il s'agit de prélever! Logiquement et légalement donc,
en vertu de l'art. 1472, pour se remplir de ses reprises, la femme discutera d'abord les biens de la communauté, ce qui revient à dire que, pour le droit à ses
reprises, les biens de la communauté sont une garantie
plus sûre, plus étroitement liée que les biens du mari.
Quelle sorte de droit la femme peut-elle donc avoir sur
les biens propres de son mari pour garantir ses prélèvements? et nous serons amenés à rechercher le droit
plus fort qu'elle doit exercer sur ceux de la communauté. Sur les biens du mari, la femme a un droit bien

puissant : « L'hypothèque existe indépendamment de toute inscription, 1o ....; 2o au profit des femmes, pour raison de leurs dots et conventions matrimoniales, sur les immeubles de leur mari, et à compter du jour du mariage.— La femme n'a hypothèque pour les sommes dotales qui proviennent de successions à elle échues, ou de donations à elle faites pendant le mariage, qu'à compter du jour de l'ouverture des successions, ou du jour que les donations ont eu leur effet.— Elle n'a hypothèque pour l'indemnité des dettes qu'elle a contractées avec son mari, et pour la remplir de ses immeubles aliénés, qu'à compter du jour de l'obligation ou de la vente... » (Art. 2135 C. N.) Contre le mari, la femme a donc un recours hypothécaire; or, on le sait, l'hypothèque n'est pas seulement la garantie d'un droit de créance; c'est un véritable droit réel, un de ces droits qui lient directement, *recta via*, l'objet au sujet du droit, un droit fort dont l'exercice n'exige du dehors que le fait négatif du respect universel. Peut-on songer à n'accorder à la femme sur les biens de la communauté qu'un simple droit de créance, c'est-à-dire un de ces droits dont l'effet ne se transmet sur l'objet que par l'intermédiaire d'un tiers, sujet passif de ce droit; et encore un simple droit de créance *chirographaire*, qui n'est même pas intégralement respecté par ses égaux? La femme, pour se remplir de ses reprises, a sur les biens de la communauté un droit réel, et un droit réel plus puissant que le droit d'hypothèque légale : quel peut-il être? En est-il un autre que le droit de propriété?

La nature du droit de propriété accordé à la femme fait tomber aussitôt toutes les objections tirées de la législation sur les priviléges et hypothèques. La première conséquence de ce droit, c'est de permettre à la femme d'exercer ses prélèvements avant le payement des créanciers de la communauté. On dit alors : Vous créez à la femme un droit de préférence tout nouveau, et pourtant les causes de préférence sont de droit étroit ; pour les invoquer, il faut s'étayer d'un texte de loi net et précis. Eh bien ! dans les art. 2100 et suivants, le législateur a spécialement indiqué toutes les causes de préférence, leur origine, leur mode d'exercice et de conservation, et dans tous ces articles pas un mot de ce privilége inouï que vous voulez attribuer à la femme. La réponse nous semble facile : on change en effet complétement le terrain de la question ; on combat une prétention que nous n'avons jamais eue. Non, ce n'est point un droit de préférence que l'on accorde à la femme, un droit de privilége qu'on lui permet d'exercer ; préférence, privilége, tout cela suppose en présence des créances, des obligations. Pour la femme, c'est un droit réel que nous lui reconnaissons, un droit de propriété dont l'objet se détermine à la dissolution du mariage suivant les règles tracées par la loi elle-même.

On s'est alors retourné, et l'on a cherché à diminuer la portée de nos articles et des conséquences que nous

en tirons. « Lorsque la femme accepte la communauté,
» il est difficile de ne pas lui reconnaître la qualité de
» propriétaire...; on ne comprendrait pas que les
» époux pussent prendre des biens en nature, si les
» reprises n'étaient, dans la pensée de la loi nouvelle,
» que des créances ordinaires. En ce sens, la Cour de
» cassation a dit exactement, au moins dans le cas
» d'acceptation de la communauté par la femme,
» que c'est comme propriétaire que la femme a droit
» aux prélèvements, lors de la dissolution. Mais ceci
» n'est vrai que restrictivement...... lorsqu'il s'agit
» de régler les intérêts et les rapports des époux entre
» eux. Il n'en est pas de même lorsqu'il s'agit de
» mettre les époux en regard des créanciers. »

Ainsi, propriétaire vis-à-vis du mari, la femme ne l'est
plus vis-à-vis des créanciers. Mais le droit de propriété
n'est-il pas un droit absolu? Du moment qu'il existe, ne
doit-il pas s'exercer envers et contre tous? Comment
expliquer et comprendre un droit de propriété relatif?
Comment sortir de cette flagrante contradiction? On
revient sur la nature de ce droit de propriété que
l'on accorde à la femme. Elle n'est pas, dit-on, propriétaire, mais copropriétaire; c'est seulement en
qualité de commune qu'elle peut exercer son droit, et
son acceptation de la communauté l'oblige à tenir les
engagements contractés par son mari. Les biens qu'elle
reprend à ce titre de copropriétaire conservent leur
nature de biens communs et restent le gage des créan-

ciers. Mais s'il en était ainsi en effet, si la femme exerçait ses reprises par droit de communauté et non par
droit particulier, *propre*, tous les biens qui lui advien-
draient à ce titre seraient, comme on le dit très-bien,
des biens communs. Mais ils le seraient *tous*, sans en
excepter un seul; tous, *sans exception*, formeraient le
gage des créanciers; tous, *sans exception*, devraient être
abandonnés par la femme aux créanciers, si le passif
de la communauté était supérieur à son actif. La femme
n'aurait même pas le droit de venir sur ces biens à contribution avec les mêmes créanciers, puisque par le fait
de son acceptation, comme on le dit encore, elle a ratifié
les engagements de son mari jusqu'à concurrence de
tout ce qu'elle retire à titre de commune. Elle n'aura
rien! Est-ce le résultat auquel voulait arriver le législateur? De deux choses l'une : ou la femme est créancière, et alors apparaissent dans toute leur force les ar-
guments que vous signaliez vous-mêmes et auxquels
il vous semble difficile de résister; ou bien elle est
propriétaire, et son droit absolu de propriété s'exerce
en dépit des créanciers.

§ IV.

La communauté n'est pas une société ordinaire, sou-
mise, comme je l'ai déjà dit, à l'administration de l'un

des associés ; elle devait nécessairement être régle-
mentée par des lois destinées à compenser l'infériorité
de la position de l'autre. Vis-à-vis des créanciers, la
femme qui accepte sans condition ratifie les actes de
son mari et s'oblige personnellement. Mais, tout en acceptant, elle peut limiter ses obligations : les biens de
la communauté, administrés par le mari, sont les seuls
gages des créanciers. En faisant inventaire, la femme
constatera la partie de ces biens qui lui advient par
suite de son acceptation, et elle restreindra à cette
partie le recours des créanciers communs contre elle.
« La femme n'est tenue des dettes de la communauté,
soit à l'égard du mari, soit à l'égard des créanciers,
que jusqu'à concurrence de son émolument, pourvu
qu'il y ait bon et fidèle inventaire, et en rendant compte
tant du contenu de cet inventaire que de ce qui lui
est échu par partage (art. 1483.)... » Ainsi la femme
qui a fait inventaire n'est tenue que jusqu'à concurrence
de son émolument. Les valeurs qui sont reprises à titre
de prélèvements sont-elles réellement des biens communs? entrent-elles dans cet émolument de communauté? Qu'est-ce que cet émolument? Pour nous, l'article 1483, n'est que la reproduction de l'article 228,
cout. de Paris : « Le mari ne peut, par contrat ou obligation faite devant ou durant le mariage, obliger sa
femme, sans son consentement, plus avant que jusqu'à
concurrence de ce qu'elle ou ses héritiers *amendent* de
la communauté. » Duplessis, sur la cout. d'Orléans,

t. X, art. 187, § IV : « La maxime est constante que
» la femme et les héritiers ne sont jamais tenus des dettes
» de la communauté, sinon jusqu'à concurrence de ce
» qu'ils amendent, parce qu'il n'est pas au pouvoir du
» mari d'aliéner les propres de la femme, ni par con-
» séquent de les engager, hypothéquer, ou consommer
» par les dettes qu'ils contractent durant la commu-
» nauté. » Et pour expliquer tout au long ce qu'il
faut entendre par cette expression : amender de la
communauté, les autorités ne nous manquent pas.
Lebrun, l. II, ch. III, sect. I, no 10 : « Les créanciers
» ne peuvent poursuivre la femme que jusqu'à ce
» qu'elle profite de la communauté, tanquam actione
» pro peculio, pourvu qu'elle ait fait inventaire. »
Ainsi amender de la communauté, c'est retirer un gain,
un profit de la communauté. Valin, sur la cout. de la
Rochelle, art. 47, no 88 : « Ce n'est pas ce que la
» femme a prélevé pour ses deniers stipulés propres
» et pour ses remplois, c'est ce qu'elle a retiré de la
» communauté, précisément et uniquement par droit
» de communauté. » Rien de plus net, de plus précis.
Songera-t-on maintenant à prétendre que les valeurs mobilières propres, les deniers propres et les remplois,
comme dit Valin, sont retirés par droit de communauté
et constituent l'émolument ? Pothier lui-même, sur la
cout. d'Orléans, t. X, art. 187, § 4, p. 537 : « On
» comprend dans ce que la femme amende de la com-
» munauté et la part qu'elle y a et ce qu'elle prélève à

» titre de préciput; on y comprend tout ce qoi doit lui
» être précompté pour ce qu'elle doit elle-même à la
» communauté; de même qu'on diminue sur ce qu'elle
» amende la communauté (c'est-à-dire sur l'émolu-
» ment) tout ce qui lui est dû par la communauté
» pour ses reprises et remplois. »

Et encore au n° 747 du *Traité sur la communauté*:
« Lorsque la femme s'est trouvée créancière de la
» communauté d'une somme pour ses reprises, toute
» déduction faite de ce qu'elle devait à la commu-
» nauté, elle n'est point obligée de se charger en re-
» cette (dans le compte que, suivant la coutume et
» maintenant l'art. 1483, elle doit aux créanciers) de
» ce qu'elle a prélevé sur les biens de la communauté
» pour se payer de cette somme; car la femme, par ce
» prélèvement, n'ayant fait que se payer ce qui lui était
» dû, on ne peut pas dire que ce prélèvement soit
» quelque chose dont elle ait amendé, et qu'elle ait
» profité de la communauté. » Ainsi Pothier lui-
même, ce grand partisan du droit de créance de la
femme, rend cependant hommage à cette sorte de *droit
plus fort* qu'il a mentionné ailleurs, et n'oblige point la
femme à payer les créanciers communs sur ses reprises,
parce qu'en reprenant elle ne profite pas, elle n'a-
mende pas de la communauté, il n'y a pas émolument.
Aussi conclut-il : « Lorsque, par la balance qui sera
» faite, la femme se trouve avoir autant ou plus payé
» pour l'acquittement des dettes de la communauté,

» qu'elle n'en a amendé, et par conséquent n'avoir rien
» amendé effectivement, elle doit être renvoyée de la
» demande des créanciers. »

Résumons en quelques mots : l'émolument de la communauté, lorsqu'il est bien et dûment constaté par inventaire, constitue le seul gage des créanciers, et de cet émolument, de cet amendement de communauté ne font point partie les prélèvements ou reprises. La femme les recueille à un autre titre que celui de créancière, à un autre titre que celui de femme commune. Elle a un droit plus fort : ce sont des propres. Elle en est propriétaire, et jamais les créanciers vis-à-vis desquels elle n'a aucun engagement personnel ne pourront songer à se faire payer sur ces propriétés particulières.

Les adversaires de notre système ont bien compris quelle force donnait à notre opinion cet art. 1483, qui règle précisément les rapports de la femme commune acceptante avec les créanciers; aussi a-t-on cherché par tous les moyens à en diminuer la portée. On a commencé par les passages de Pothier, en cherchant à expliquer autrement ces lignes, évidemment écrites sous la préoccupation de l'idée moderne qu'il a mentionnée au *Traité des successions*. On veut que Pothier ait eu uniquement en vue le cas où le partage a déjà été opéré entre la femme et le mari ou les héritiers, inventaire ayant été dûment fait; et où les créanciers de la communauté viennent poursuivre la femme à raison des dettes communes, et lui demander compte après la consommation de ce partage. On cite cet autre passage de Pothier : « La femme qui veut jouir » de ce privilége, *pro modo emolumenti*, doit un » compte des biens *qui lui sont* échus de la commu- » nauté, aux créanciers qui la poursuivent pour le paye- » ment de quelques dettes de cette communauté. La » femme, par ce compte, doit se charger en recette de » tous les effets de la communauté *qu'elle a eus* par le » partage, tant pour sa part qu'à titre de préciput. » Mais, avant d'aller plus loin, que voulons-nous prouver, en citant Pothier? que cet auteur admettait pleinement et entièrement le droit de propriété de la femme? Pas du tout. Nous voulions simplement faire voir que Pothier, pas plus que Valin ou Duplessis, n'avait jamais entendu comprendre les reprises de la femme dans l'émolument, dans l'amendement de communauté dont elle doit compte aux créanciers. Eh bien ! le dernier passage invoqué est-il en contradiction avec les autres? Comme le premier, ne dit-il pas que l'amendement de communauté se com- pose des biens recueillis par le partage, de ce qui a été payé à la femme par préciput, et de ce qui lui est pré- compté pour ses dettes personnelles envers la commu- nauté? Y peut-on voir autre chose?

Enfin faut-il conclure de cette forme de langage : » *des biens qui lui sont échus*, les effets *qu'elle a* » *eus* par le partage, » que Pothier suppose un par- tage accompli au moment de l'action des créanciers, et qu'il parle simplement de l'exception mentionnée en l'art. 181, cout. de Paris? La femme, par le moyen de ce partage accompli, serait une créancière nantie de ses gages. *Suum recepit*, dit-on, et les créanciers ont eu le tort de ne pas faire opposition au partage. Mais alors ce serait le prix de la course entre créanciers égaux, et par suite de la position particulière de la femme, les autres créanciers risqueraient fort souvent d'être devancés. N'arriverait-il pas même, le plus fréquemment, que la femme, *hic et nunc* et par la seule nécessité des choses, se trouverait nantie et possesseur des biens qui constitueraient ses prélèvements? Au reste, Pothier lui-même reconnaît parfaitement que le fait de s'être dessaisi au delà de l'émolument de communauté ne détruit pas l'effet du privilége *pro modo emolumenti*. Au § 736 : « Ce privilége donne-t-il seulement à la femme

» exception contre les créanciers? ou va-t-il jusqu'à lui
» donner la *répétition* contre le créancier à qui elle *a*
» *payé par erreur au delà de ce qui lui restait des biens*
» *de la communauté*, lors du payement qu'elle a fait?...
» La femme, en justifiant qu'elle a payé par erreur *au*
» *delà de ce qu'elle a amendé de la communauté*, doit
» en avoir la répétition, car elle n'était aucunement
» débitrice, ne s'étant point obligée personnellement à
» cette dette, et son mari n'ayant pas eu le pouvoir de
» l'obliger comme commune *au delà de ce qu'elle*
» *amenderait* des biens de la communauté. »

Pour terminer cette discussion sur Pothier, qu'il me soit permis de citer un passage d'un de nos contradic-

teurs au sujet de la doctrine de ce jurisconsulte sur
notre question :... « Interprétant l'art. 228, cout. de
Paris, avec une rigueur minutieuse, Pothier professe
que l'on ne peut dire que la femme ait amendé qu'autant qu'elle a été préalablement payée de ce qui lui est
dû, que par conséquent le prélèvement de ses reprises
s'opère avant toute contribution aux dettes. Pothier revenait ainsi à la doctrine de Dumoulin et de Coquille.
Mais cette argumentation pointilleuse ne saurait avoir
une grande valeur... » Quelque valeur qu'on veuille
bien lui accorder, elle existe, et peut-être cette doctrine
prétendue moderne du Traité des successions avait-elle
sur l'esprit de Pothier plus d'influence qu'on a encore
voulu lui en reconnaître.

De la part de nos contradicteurs, il a fallu aller plus
loin pour faire tomber cet ensemble de preuves résultant de la combinaison des art. 1470, 1471 et 1483.
Il a fallu, sur la question qui nous occupe, les mettre
tous en suspicion, leur opposer une exception d'in-
compétence, et enfin accuser d'imprévoyance le législateur lui-même. « Le C. N., dit M. Thorel-Leblond
» de Beauvais, offre ici une lacune à combler. Il ne
» s'est en effet préoccupé que de deux situations bien
» distinctes : dans l'une (sect. V, § I, art. 1468-1481),
» il règle les droits respectifs des époux sur l'actif so-
» cial, abstraction faite des tiers ; dans l'autre (sect. V,
» § II, art. 1481-1491), il détermine l'étendue des
» obligations des conjoints envers ces derniers. Reste à

» résoudre une troisième hypothèse, entièrement
» omise, celle où la femme se présente elle-même
» comme créancière à raison de ses indemnités et ré-
» compenses. » Suivant nous, ce n'est pas ainsi qu'il
faut l'entendre, et le système de la loi est complet. Elle
n'a pas entendu s'occuper des conjoints d'un côté, des
tiers de l'autre : elle a entendu liquider la communauté.
Il y a un actif et un passif : le passif, il se partage de
plein droit entre chaque conjoint par moitié, parce que
chacun des conjoints représente par moitié la communauté. Le § II de la section V, outre la considération
du privilége *pro modo emolumenti*, s'occupe seulement de régler les liens de droit, qui résultent tant
de l'obligation que de la contribution aux dettes. L'actif : avant le partage, il s'agit de le déterminer. Sous
l'administration maritale se trouvent réunis non-seulement les biens de la communauté, mais encore les
propres de chaque époux. Tous ces biens réunis forment
une masse que l'on appelle vulgairement communauté, mais qui n'est pas le véritable actif, l'actif
partageable, ce qui est réellement commun. C'est à
cette masse que les articles 1468 et 1469 prescrivent
de rapporter ; c'est sur cette masse que l'on doit prélever les valeurs propres. Loin de croire à un oubli de
la part du législateur, c'est avec intention, nous semble-
t-il, qu'on a placé les articles relatifs aux prélèvements
sous la rubrique du partage de l'actif de la communauté. En cela, le C. N. rompt ouvertement avec

l'usage de nos anciens auteurs, qui regardaient la femme comme simple créancière, et ses prélèvements, comme une dette de la communauté, et qui logiquement traitaient cette matière à propos du passif de cette communauté. Sous l'empire du C. N. au contraire, les prélèvements sont une opération préliminaire destinée à faire connaître l'actif commun. « Après que tous les prélèvements des deux époux ont été exécutés sur la masse, le surplus se partage par moitié entre les époux ou ceux qui les représentent » (art. 1474). Le système de la loi est donc logique et complet : partage du passif de plein droit par moitié, sauf le privilége de l'art. 1483 ; vis-à-vis des créanciers communs, le grand principe de l'obligation aux dettes est proclamé. Quant à la contribution aux dettes de la part de chaque époux, la femme n'est tenue que jusqu'à concurrence de son émolument, c'est-à-dire de ce qui lui est échu par partage, et, suivant l'art. 1474, il n'y a partage qu'après les prélèvements opérés.

§ V.

On a voulu regarder comme un argument sans valeur cette remarque que la loi ne distinguait pas, et dans l'art. 1470 mettait le prix des propres aliénés et les indemnités dues par la communauté sur la même ligne que les immeubles propres existant en nature ou acquis en remploi, pour lesquels il n'y a point de difficulté. Voyons cependant si cette assimilation n'est pas rationnelle et si elle ne découle pas logiquement de tous les principes en matière de communauté légale.—1° Les époux ne doivent point s'enrichir aux dépens de la communauté; 2° la communauté ne doit point s'enrichir aux dépens des époux : tels sont les deux grands principes qui règlent les rapports des époux et de la communauté. La loi du mariage fixe d'avance l'étendue de chacun de ces patrimoines, qui ne doivent point empiéter l'un sur l'autre. Le C. N. a consacré toute une section à déterminer les biens qui tombaient en communauté, excluant et laissant tout le reste en propriété personnelle aux époux. Tous ces biens, qu'une même administration réunit en une seule masse, doivent néanmoins conserver leur nature particulière et rester dans le patrimoine où ils se trouvent. Pour atteindre ce but, le législateur a édicté le système des remplois et des récompenses. Pour nous, d'une part, les récompenses et les prélèvements sont une seule et même chose; de l'autre, les récompenses ou prélèvements et les remplois ont un seul et même but qui des deux côtés doit être atteint : la conservation de la fortune propre des époux, à l'abri des atteintes de la communauté et de ses créanciers. A cet égard, l'origine et l'histoire de ce système ne laissent aucun doute, ainsi qu'on a pu le voir en suivant le rapide aperçu historique que nous avons donné en commençant. Qu'il nous suflise de rappeler ici les articles identiques **232**, cout. de Paris, et 192, cout. d'Orléans : « Si durant le mariage est vendu aucun héritage ou rente propre appartenant à l'un ou à l'autre des conjoints par mariage, ou si ladite rente est rachetée, le prix de vente ou rachat *est repris* sur les biens de la communauté au profit de celui auquel appartenait l'héritage ou rente, encore qu'en vendant n'eût été convenu de *remploi* ou récompense et qu'il n'y ait eu aucune déclaration sur ce fait. » Sous le C. N., c'est l'art. 1433, disant absolument la même chose : « S'il est vendu un immeuble appartenant à l'un des époux, de même que si l'on s'est rédimé en argent de services fonciers dus à des héritages propres à l'un d'eux, et que le prix en ait été versé dans la communauté, *le tout sans remploi*, il y a lieu au *prélèvement* de ce prix sur la communauté au profit de l'époux qui était propriétaire soit de l'immeuble vendu, soit des services rachetés. » Ainsi, sous le C. N. comme sous la cout. de Paris, deux moyens pour conserver à chaque époux sa fortune propre : le remploi pendant le mariage, et, s'il n'a pas été fait de remploi, les prélèvements à la dissolution, une sorte de remploi légal qui répondra à cette préoccupation constante du législateur d'exclure de la communauté la fortune personnelle des époux. L'expression de remploi légal pour désigner les prélèvements est moins hasardée qu'elle ne le paraît : c'est ainsi que s'explique M. Duveyrier, dans son rapport au Tribunal, en parlant des prélèvements et reprises : « Si,

» dit-il, l'immeuble appartient au mari, *le remploi* ne
» s'exerce que sur la masse de la communauté ; au
» contraire, si l'immeuble appartient à la femme, et si
» les biens de la communauté sont insuffisants à *rem-*
» *ploi*, il s'exerce sur les biens du mari. » N'est-il pas
alors tout naturel d'assimiler, dans l'art. 1470, aux
immeubles acquis en remploi des propres vendus, le
prix des propres aliénés pour lesquels il n'y a pas eu
de remploi conventionnel et les autres causes de prélèvements? L'art. 1470 n'est que la mise en œuvre de
l'art. 1433 et la conséquence du principe : la communauté ne doit pas s'enrichir aux dépens des époux.

Eh bien ! supprimez le droit de propriété que nous
soutenons, et le but de la loi n'est pas atteint. Pendant
le mariage, il a été aliéné un immeuble propre de la
femme ; il n'y a pas eu remploi du prix, ou encore la
femme ne l'a pas accepté formellement, suivant le vœu
de l'art. 1433 (1).

Une circonstance fortuite, tout indépendante de sa

(1) Remarquons encore un privilége de la femme ; nous devons le faire observer parce qu'en ces questions de conservation de fortune propre, il est bon de voir combien est favorable la situation de la femme et de quelles précautions
protectrices le législateur a voulu l'entourer. Pour que le remploi vaille à son égard, il faut qu'elle l'ait *formellement* accepté. Ce n'est pas là une entrave mise à la facilité des remplois, mais tout au contraire une garantie de plus contre la
puissance du mari.

volonté, une maladie par exemple, a pu empêcher la femme de remplir cette formalité avant la dissolution du mariage : elle n'a plus droit, dit-on, à un prélèvement qu'à titre de créancière. Mais il se trouve d'autres créanciers avec lesquels elle entre en concurrence, qui viennent avec elle au marc le franc, et au lieu de 100,000 fr., prix de son immeuble aliéné, elle reçoit 10,000 fr. Les 90,000 autres francs dont sa fortune propre s'est appauvrie ont enrichi quelqu'un apparemment. Ce ne peut être les créanciers : ont-ils fait autre chose, en recevant, que de rentrer dans ce qu'ils avaient déboursé? Quelle est donc la personne enrichie, si ce n'est la communauté? Voilà le but de la loi éludé! voilà ses précautions déjouées et la fortune particulière de la femme entamée au profit de la communauté, malgré le vœu expressément contraire du législateur.

Pourtant il peut se faire qu'il y ait eu de bonnes raisons pour retarder le remploi : il fallait attendre pour trouver une acquisition avantageuse; il était utile de laisser la communauté jouir quelque temps des deniers déposés dans sa caisse. Peut-être encore le mari est-il de mauvaise volonté, retarde-t-il à dessein le remploi, et use-t-il des deniers soumis à son administration pour payer des créanciers personnels. Que peut faire la femme pendant tous ces délais afin de prévenir le malheur qui la menace en cas de dissolution subite du mariage? Rien, absolument rien : elle est impuissante. Il lui aurait fallu,

pour avoir sûreté, prendre ses précautions longtemps
d'avance et faire inscrire à son contrat de mariage une
clause par laquelle, en cas d'aliénation d'immeuble à
elle propre, les premières acquisitions faites après cette
aliénation serviraient de droit à remployer le prix du
propre vendu. On comprend facilement tous les inconvénients de cette clause.

Voyez encore au jeu de quelles singulières circonstances se trouve abandonnée la situation de la femme,
malgré l'intention protectrice de la loi. Tout le monde
reconnaît, d'après l'art. 1433, qu'il y a lieu à prélever
sur les biens de la communauté seulement, si le prix
du propre aliéné ou des services rachetés a été versé
dans le sein de cette communauté. Si ce prix n'est pas
payé, la créance représente l'immeuble, et, de l'aveu de
tous, la femme la reprend, comme elle reprendrait
l'immeuble lui-même en nature. Cependant cette créance
est un meuble qui aurait dû tomber dans la communauté, comme le prix lui-même. Or, voici ce qui peut
arriver : le mari est négligent ; il oublie de veiller à la
rentrée de cette créance, en sorte qu'elle est encore
due à la dissolution du mariage. Grâce à cette négligence, la femme retrouvera intacte sa fortune propre.
Supposez, au contraire, un mari actif, bon administrateur ; il fait payer l'acquéreur, et voilà que, grâce à ces
bonnes qualités, la femme perdra une partie de son
bien personnel. Trois fois heureuse, par exemple, si,
dans le premier cas, échappant au péril de tomber de

Charybde en Scylla, elle retrouve encore sa créance so-
lidement établie! si cette fortunée négligence de son
mari n'a pas été jusqu'à laisser le débiteur devenir in-
solvable! Encore une fois, ce n'a pas pu être la pensée
du législateur d'abandonner ainsi au hasard le sort de
la fortune propre des époux, et surtout de la fortune
de la femme. Nous pouvons le dire en toute assurance,
sous ce rapport, le système du droit de créance produit
des résultats entièrement contraires à la pensée et au
but de la loi.

A un autre point de vue encore, nous pouvons adres-
ser à ce système une critique du même genre. Une des
causes qui avaient fortement contribué, dans notre ancienne jurisprudence, à généraliser l'adoption du remploi
et des récompenses par les coutumes, c'était leur utilité
pour empêcher les époux « d'être maîtres, dit Loiseau,
» de s'avantager en augmentant la communauté par la
» vente de leurs biens propres. » Sans doute, aujour-
d'hui, l'art. 1096 C. Nap. permet les donations entre
époux pendant le mariage; mais il ne permet que les
donations révocables. Eh bien! qu'on admette la femme
comme simplement créancière; qu'on laisse, par la
concurrence d'autres créanciers, son droit de prélever sa fortune propre devenir illusoire, et le danger
reparaît. La communauté s'augmente par la vente des
propres des époux. Partant, que de donations indi-
rectes, et par conséquent évidemment irrévocables! que
devient l'art. 1096 et l'intention bien connue du légis-

lateur, de laisser à l'époux donateur, jusqu'à sa mort, la faculté de révoquer les libéralités qu'il a faites à son conjoint?

§ VI.

De quelle nature se trouve être le droit aux prélève-ments? Est-ce un droit mobilier? est-ce un droit im-mobilier? La question a de l'intérêt : si la commu-nauté se dissout par la mort d'un des deux conjoints, il peut se faire que ce conjoint ait légué ses meubles à une personne, ses immeubles à une autre, et il s'agira de savoir qui aura droit aux prélèvements, du léga-taire des meubles, ou du légataire des immeubles. Encore, si la femme se remarie avant la liquidation en-tière de ses droits dans la communauté dissoute, le droit aux reprises et les biens prélevés en vertu de ce droit tomberont-ils ou non, *ipso jure*, dans le sein de la nou-velle communauté? La plupart des anciens auteurs tenaient pour la nature mobilière, je le reconnais. Pou-vait-il en être autrement? aux yeux de la plupart d'entre eux, la femme n'était qu'une simple créancière d'une somme d'argent. Mais, sous le C. Nap., le droit de créance est remplacé par un droit réel. Faut-il encore admettre cette opinion? Nous ne le pensons pas. Com-mençons par établir le principe qui nous règle en pareille matière : c'est la nature de l'objet du droit qui fait la nature du droit lui-même.

Le droit réel de la femme pour ses reprises a subsisté pendant le mariage sans objet déterminé ; et comme le fait de l'administration du mari a pu changer la valeur propre, la nature du droit de reprise est resté, pendant toute la durée du mariage, incertaine comme l'objet de ce droit. Il n'y a là rien d'extraordinaire : la femme, *constante matrimonio*, est bien co-propriétaire des biens de la communauté, elle a un droit réel ; et pourtant, jusqu'à ce que le partage ait précisément déterminé quelles valeurs lui reviendraient, il est impossible de préciser la nature de son droit, de dire s'il est mobilier ou immobilier. A la dissolution, au moment où les prélèvements vont s'exercer, l'objet du droit aux reprises se détermine d'après les règles de l'article 1471 : c'est d'abord de l'argent, ensuite du mobilier, subsidiairement des immeubles. La nature du droit se détermine aussi : le droit sera mobilier ou immobilier, suivant que l'objet prélevé sera meuble ou immeuble. Qu'on remarque, en effet, la différence entre le *jus in re* et le *jus ad rem*. Le *jus in re* ne peut pas s'exercer, il ne peut pas y avoir vendication sans une chose certaine que l'on vendique. L'objet du *jus ad rem*, au contraire, lorsqu'il s'agit de choses fongibles, reste vague, même dans le moment où on l'exerce. Je demande une somme d'argent à mon débiteur, il ne s'agit pas de telle ou telle somme précise comme si j'exerçais un *jus in re*, comme si je vendiquais. Je conclus seulement *in personam*, à ce que mon débiteur me fournisse une somme d'argent. Si je vendiquais, je conclurais à ce qu'il me soit permis de prendre telle somme d'argent que j'indiquerais, en vertu de mon droit de propriété. Si l'on applique ces règles aux droits de la femme, droits de propriétaire, comme nous l'avons reconnu, les conséquences sont faciles à déduire. A la dissolution du mariage, y a-t-il de l'argent ou du mobilier : la femme vendiquera tel argent ou tel meuble; son droit sera mobilier. Ne se trouve-t-il que des immeubles : elle ne pourra vendiquer une somme qui n'existe pas; elle vendiquera tel immeuble, et son droit sera immobilier. Prétendre que la femme est propriétaire, mais simplement propriétaire d'une somme d'argent, et que, pour la remplir de cette somme, elle doit recevoir des immeubles en payement, comme *datio in solutum*, c'est se contredire, c'est nier le droit de propriété, c'est aller contre l'essence même du *jus in re*. En vain l'on invoque les termes du § 2 de l'art. 1470 : « Chaque époux prélève 1°...; 2° le *prix* des immeubles qui ont été aliénés... etc. ; » et les expressions des art. 1433 et 1435 : « Il y a lieu au prélèvement du *prix*..., sauf la récompense du *prix* de l'immeuble vendu. » Pour nous, cette expression n'a pas d'autre portée que de fixer l'étendue du prélèvement, la valeur du propre; et l'art. 1436, venant confirmer notre pensée, indique ce qu'il faut entendre par ce prix , et de quel prix il s'agit. Tous ces art. 1433, 1435, 1470, ne font que consacrer l'existence du droit à la récompense, au prélèvement. Pour connaître la nature de ce droit, il faut prendre l'art. 1471 ; c'est cet article qui détermine les objets sur lesquels ce droit peut porter : ces objets sont tantôt des meubles, tantôt des immeubles ; le droit sera tantôt mobilier, tantôt immobilier.

§ VII.

Il faut en venir à certaines objections que les partisans du droit de créance opposent à notre théorie. Suivant leurs dires, notre système paralyse entièrement le droit d'administration du mari et va tout à l'encontre des dispositions de l'art. 1421 C. Nap. Nous repoussons bien loin cette conséquence, et au lieu de vouloir, en quoi que ce soit, amoindrir l'omnipotence maritale, c'est précisément sur sa grande étendue que nous fondons la justice de notre cause. Que le mari donc continue à exercer tous les pouvoirs que lui confèrent les art. 1421 et suivants ; qu'il vende, qu'il aliène, qu'il engage , qu'il hypothèque , qu'il donne même, dans les limites de l'art. 1422, les biens de la communauté. Pendant toute la durée du mariage, si la femme a des droits, elle n'en exerce aucun, et, quand vient la dissolution, la femme n'exerce son droit aux prélèvements que sur les biens de la communauté *existant* à cette époque. Tous les actes de disposition et d'aliénation, toutes les hypothèques que le mari a consenties dans la limite de son droit, la femme les respecte, et elle ne peut songer à prélever sur les biens dont il a été ainsi disposé, parce qu'ils ne sont plus *existant* dans la communauté. Il faut prendre à la dissolution l'ensemble de cette communauté tel qu'il est, c'est-à-dire tel que l'a fait l'administration du mari. Il se trouve des hypothèques sur un immeuble ; cet immeuble n'existe dans la communauté que déduction faite des hypothèques qui le grèvent. Il se trouve des meubles donnés en nantissement ou saisis par des créanciers ; le nantissement ou la saisie a enlevé ces meubles à la communauté, jusqu'à concurrence des créances. Ainsi se concilie le pouvoir administrateur du mari, toujours respectable et toujours respecté, avec le droit de propriété de la femme, dont l'objet se fixe à la dissolution, d'après l'art. 1471, sur les valeurs qui existent à cette époque.

On insiste et l'on prétend que notre système, malgré ses prétentions à protéger efficacement la femme, manque complétement son but. Les créanciers, dit-on, n'ont plus sécurité ; l'apparence d'une communauté opulente ne peut plus être comptée pour rien, et, pour avoir sûreté, il faudra exiger l'engagement de la femme. Or, à ce point de vue, ne sait-on pas déjà, pour ce qui concerne l'hypothèque légale, à quelles obsessions on expose la femme de la part du mari? Ne sait-on pas que la plupart des femmes sont peu instruites en matière de législation, et que trop souvent elles cèdent à ces obsessions, sans se rendre un compte exact des engagements qu'elles prennent et des sacrifices qu'elles font? Combien vont se multiplier ces inconvénients, maintenant que la sécurité des créanciers dépend uniquement de l'engagement de la femme! Je commencerai par observer que je ne verrais pas un grand mal à ce que les femmes entendissent plus parfaitement leurs intérêts et qu'elles connussent mieux la portée des actes de la vie civile. Ce n'était point en vue de notre système qu'au XVIIe siècle, Fénelon écrivait : « Il serait bon » aussi qu'elles sussent quelque chose des principales » règles de la justice: par exemple, la différence qu'il » y a entre un testament et une donation; ce que c'est » qu'un contrat, une substitution, un partage de co- » héritiers, les principales règles de droit ou de cou- » tumes du pays où l'on est, pour rendre ces actes » valides; ce que c'est que propres, ce que c'est que » communauté, ce que c'est que biens meubles et im- » meubles. Si elles se marient, toutes leurs principales » affaires rouleront là-dessus. » Si, malgré cette science, la femme s'engageait, elle aurait agi en pleine connaissance de cause. Dans tous les cas, en définitive, il nous semble plus logique et plus moral de faire résulter la perte de la fortune propre de la femme des engagements qu'elle prendrait elle-même, que des actes du mari tout à fait étrangers à sa volonté.

Le résultat de cette nouvelle doctrine, poursuit-on, c'est la ruine de toute confiance de la part des tiers; c'est au moins un abaissement considérable du crédit de la communauté. Je ne reculerais certainement pas devant la ruine entière de ce crédit, plutôt que de sacrifier les droits de la femme. Quelle différence entre sa situation et celle des créanciers! La femme, toujours en tutelle, éloignée des affaires et de leur examen, sans moyen pour les diriger dans une bonne voie, comme pour les arrêter sur une pente mauvaise; les créanciers, libres de contracter, d'examiner la véritable situation de la communauté, de s'assurer si l'éclat de cette opulente communauté est une simple apparence ou s'il repose sur des bases solides. Serait-ce rendre un mauvais service au crédit en général, que de l'obliger à s'asseoir sur des garanties certaines?

Enfin il nous semble qu'il y a grande exagération dans le danger que l'on prévoit et dans cette idée éminemment libérale que l'on se fait du régime de la communauté légale, tel que l'entend le C. N. Suivant ce Code, en effet, le patrimoine commun ne se compose que de la fortune mobilière de chaque époux: que l'on se reporte aux idées des législateurs de 1804, à cette maxime si souvent à leur usage: *vilis mobilium possessio*, et à l'état des fortunes mobilières à cette époque, et l'on se convaincra que, de la part de nos législateurs, il n'y a pas eu intention d'étendre aussi largement qu'on le donne aujourd'hui à penser, le patrimoine commun soumis à l'administration absolue d'un seul des époux, et le gage de tous ceux qui traiteraient avec le mari.

L'état des fortunes en 1804 permettait d'éviter en général le danger de ruine que peut faire courir à la femme, sous le régime de la communauté légale, une mauvaise administration de la part de son mari, et, dans les cas particuliers où sa fortune mobilière était considérable, la clause conventionnelle de l'article 1514 pouvait la garantir de toute chance de perte; mais aujourd'hui que les fortunes mobilières ont pris une si grande extension, l'article 1514 est quasi devenu le droit commun, et pourtant cet article contient une clause bien autrement nuisible aux tiers que le droit de propriété que nous défendons. La femme renonce, et non-seulement elle reprendra sa fortune propre; mais, en vertu de cette clause de reprise d'apports francs et quittes, elle retrouve, intact et sans la charge d'aucune dette commune, tout son apport dans la communauté, toute cette fortune mobilière qui était devenue véritablement commune. Certes, s'il est un cas où les créanciers peuvent être trompés et où le crédit doit peu compter sur l'apparence de la richesse, c'est bien celui-là : c'est pourtant le cas qui se présente aujourd'hui le plus fréquemment; c'est cette clause que l'on trouve dans quatre-vingt-dix-neuf contrats sur cent. Voit-on le crédit souffrir de cet usage presque général ?

Le crédit de la communauté dépend en réalité moins de l'étendue des droits accordés aux femmes après la dissolution du mariage, que de l'importance des valeurs, propres ou communes, peu importe, soumises à l'administration du mari, et encore de l'habileté de cette administration. Qu'on prenne, en effet, deux communautés différemment composées : la première a 20,000 fr. de revenu provenant uniquement de valeurs mobilières, par conséquent communes; la seconde a le même revenu : 20,000 fr., mais 5,000 fr. seulement viennent du produit de valeurs mobilières et communes; les 15,000 autres francs représentent le produit d'immeubles qui, en presque totalité, sont des propres de la femme. Qu'on mette ces deux communautés sur une place de commerce où le crédit se mesure, et très-probablement la seconde communauté aura un bien plus grand crédit; elle trouvera bien plus facilement des prêteurs mieux disposés et plus confiants.

§ VIII.

Jusqu'à présent j'ai raisonné dans l'hypothèse où la femme accepte la communauté; que faut-il décider

quand elle renonce? Les difficultés que l'on élève dans
cette espèce paraissent encore bien plus considérables,
et, aux yeux de plusieurs jurisconsultes, c'est dans le
cas de renonciation que notre théorie du droit de propriété est le plus inacceptable. Pour nous cependant, il
nous semble trouver en ce cas autant de raison et plus
encore, s'il était possible, en notre faveur. La femme
qui renonce, en effet, se trouve dans une position plus
intéressante que celle qui accepte. Dans le cas d'acceptation, elle garde encore l'espoir de conserver une partie
de son émolument; elle assiste à la liquidation; elle
prend connaissance de toutes les affaires; elle est à
même de faire toutes les réclamations qui pourraient
augmenter l'actif, et d'élever toutes les contestations
qui tendraient à diminuer le passif. Pour elle, il n'est
pas certain évidemment qu'elle bénéficiera; mais il y
a des doutes, et il peut encore se trouver en fin de
compte quelque chose dans la communauté. Si la femme
renonce, au contraire, plus de droit, plus d'espoir; dès
cet instant, elle a fait définitivement le sacrifice de son
apport à la communauté; elle renonce à toute éventua-
lité de la liquidation; elle est certaine de perdre ce
qu'elle a mis en commun. A ce point de vue, il y a donc
certainement un plus grand intérêt à conserver à la
femme sa fortune particulière.

Cette fortune personnelle est toujours la même. Son
étendue est fixée par la loi du mariage, et l'art. 1493,

qui, dans le cas de renonciation, consacre au profit
de la femme le droit de la reprendre, ne fait que répéter identiquement les termes de l'art. 1470 déjà
énoncé. Que la femme accepte, qu'elle renonce;
quelque transformation qu'aient subie les valeurs propres, la femme doit les reprendre; son droit est immuable. Propriétaire *ab initio*, elle reste propriétaire.
Quel effet peut avoir sur ce droit de propriété particulière la renonciation à l'avoir commun?

L'ancien droit le considérait bien ainsi, et, malgré les
difficultés que dès ce temps on soulevait, il décidait la
même chose pour le cas de renonciation que pour le cas
d'acceptation. Poquet de Livonière, liv. III, ch, V,
sect. 3, p. 190 et suiv., Traité des fiefs : « La diffi-
» culté a été plus grande lorsque la femme renonçait à
» la communauté... Cependant, depuis plusieurs an-
» nées, il a passé en maxime au palais que, même dans
» cette dernière espèce, il n'y a point d'ouverture aux
» lods et ventes par les raisons suivantes. » Et, après
en avoir détaillé plusieurs, il les résume toutes en celle-
ci : « La raison principale pour laquelle on juge qu'il
» n'est point dû de lods et ventes pour les conquêts
» de communauté donnés en remploi en cas de renon-
» ciation, est que ces conquêts sont présumés acquis
» des deniers de la femme et qu'elle y a droit. — Cette
» raison, ajoute-t-il, cesse entièrement dans le cas des
» propres du mari donnés en remploi, ce qui fait la
» différence des deux espèces. »

Enfin, Pothier lui-même résume toute notre théorie.
Je demande pardon de la longueur de cette citation
après tant d'autres, mais il eût été difficile de faire mieux
que Pothier et de présenter, sous une forme abrégée,
un résumé plus clair et plus complet de notre doctrine :
« Que si la femme a renoncé à la communauté et qu'on
» lui donne en payement de ses reprises un fief conquêt
» de cette communauté, il y a plus de difficulté ; la
» femme, au moyen de la renonciation, n'ayant aucune
» part à prétendre dans les biens de la communauté....,
» il semble que cet acte ne puisse être considéré que
» comme *datio in solutum*, qui, comme nous l'avons
» déjà dit, est un acte équipollent à la vente qui doit
» donner ouverture au profit du quint. Néanmoins,
» c'est aujourd'hui une jurisprudence assez unanime
» que cet acte n'est point regardé comme une vente et
» ne produit point de profit. La raison en est que les
» biens de la communauté ne sont point des biens étran-
» gers à la femme, quoiqu'elle y renonce ; les deniers
» dotaux de la femme et le prix de ses propres aliénés,
» dont elle a la reprise, sont présumés avoir servi jus-
» qu'à concurrence à faire l'acquisition de ces biens ;
» ces biens sont donc en quelque façon, jusqu'à cette
» concurrence, aussi les biens dotaux de la femme, sui-
» vant cette règle de droit : *res ex pecuniâ dotali com-
» paratæ, dotales esse videntur*. Par conséquent, lors-
» qu'on donne à la femme quelque fief conquêt en acquit
» de ses reprises, ce n'est pas tant une vente qu'on lui
» fait, que la délivrance d'un bien sur lequel elle avait

» déjà une prétention pour ses reprises, qui doit lui te-
» nir lieu de l'emploi que son mari devait faire de ses
» deniers propres.

» Observez que la renonciation de la femme à la
» communauté n'empêche pas qu'il y ait eu une com-
» munauté dans tous les biens de laquelle elle a eu une
» part *habitualiter*. En renonçant à la communauté,
» elle ne renonce qu'à ce qui pourrait rester après le
» prélèvement des reprises qu'elle aura à exercer sur
» cette communauté. Elle ne renonce pas aux biens
» de cette communauté jusqu'à concurrence de ce
» qu'elle a droit d'en prélever pour ses reprises. En pré-
» levant pour ses reprises les biens de la communauté,
» elle ne les acquiert pas; mais la part habituelle
» qu'elle avait dans les biens de la communauté se
» réalise et se détermine auxdits biens qu'elle prélève
» pour ses reprises. » (Pothier, Traité des fiefs, 1re partie, ch. V, p. 151. — *V.* aussi Guyot, Traité des
fiefs, p. 74 et 77; Denizart, vo lods et ventes, t. 3,
p. 153; Ricard, sur l'art. 5 de la cout. de Paris;
Lemaitre et Brodeau, sur l'art. 80 de la même cout.,
pages 617 et suivantes, §§ 10, 13 et 14; Duplessis,
titre des successions, liv. I, sect. Ire; Fonmaur,
no 258.)

Pothier, encore une fois, ne peut échapper à cette conséquence qu'il a déjà plusieurs fois déduite des articles
des coutumes de Paris et d'Orléans, par une argumentation pointilleuse, dit M. Thorel-Leblond, mais dont il
faut cependant reconnaître la rigueur.

Si maintenant on nous oppose l'art. 1492, si on nous dit : La femme perd toute espèce de droit sur les biens de la communauté, comment voulez-vous qu'elle soit propriétaire des biens communs qu'elle perd pour ses reprises? Nous répondrons avec Pothier : La femme renonce seulement à ce qui pourrait rester après le prélèvement de ses reprises, parce que ses deniers dotaux et le prix de ses propres aliénés sont présumés avoir servi jusqu'à concurrence à faire l'acquisition des biens qu'elle reprend. — En présence des explications si pleines de clarté que donne Pothier, que devient ce motif d'un arrêt de la Cour de Nancy du 23 janvier 1834 : « Attendu que l'effet de la renonciation a été, en ce qui concerne la veuve Thonin, de l'affranchir de toutes sortes de contribution aux dettes de la communauté, mais aussi de lui faire perdre toute espèce de droit sur les biens qui en dépendaient ; et en ce qui concerne les héritiers du mari, de les investir de la propriété pleine et entière de l'actif de cette communauté. » Sans doute, la renonciation de la veuve Thonin lui avait fait perdre tout droit sur les biens communs. Mais son droit de propriété sur sa fortune propre, elle le gardait toujours ; ce à quoi elle a renoncé et ce dont les héritiers du mari sont devenus propriétaires, c'est cet actif commun de l'art. 1474 qui se serait partagé en cas d'acceptation, et qui reste après le prélèvement « de cette part *habituelle* formée de tous » les biens qu'elle prélève pour ses reprises. » Cette part habituelle, c'est la représentation de cette fortune personnelle dont elle est toujours restée propriétaire, d'après la loi du mariage (art. 1595).—D'ailleurs, l'argument de la Cour de Nancy prouve trop, et si l'on regarde les biens repris comme réellement communs, jamais la femme renonçante ne pourra exercer de prélèvement; sa renonciation, en effet (art. 1492), lui fait perdre ses droits sur les biens communs, tout aussi bien quand elle se trouve en présence du mari seul que lorsqu'il existe des créanciers : l'art. 1492 ne distingue pas.

Que devient encore l'argument fondé sur les mots : *actions et reprises* de l'art. 1495? « Elle peut exercer les actions et reprises ci-dessus détaillées tant sur les biens de la communauté que sur les biens personnels du mari. » Si, dans la masse vulgairement appelée communauté, la femme retrouve cette part habituelle qui est sa fortune propre, la femme prendra des biens dans cette communauté vulgaire : ce seront des reprises. Mais, s'il n'en est pas ainsi, il lui faudra recourir aux biens personnels du mari : il y aura action. Telle est l'explication de ces termes de l'art. 1495, et elle se trouve confirmée par l'avis de tous les auteurs; tous déclarent en effet que, si les reprises s'exercent sur les biens du mari, et si ce dernier donne un de ses immeubles pour remplir la femme, c'est un véritable payement, une *datio in solutum*, qui vaut vente (article 1595), et qui donne ouverture aux droits du fisc.

Une dernière observation : il est impossible logiquement, le droit de propriété admis pour le cas d'accep-

tation, de le refuser dans le cas où la femme a renoncé. Sans avoir recours à la nature absolue du droit
de propriété lui-même, voyez ce qui arriverait : la
femme, en acceptant, serait toujours sûre, envers et
contre tous, de prélever la totalité de sa fortune propre, sans être jamais tenue des dettes au delà de l'émolument. En renonçant, non-seulement elle perdrait certainement son apport dans la communauté, mais elle
s'exposerait encore à perdre une partie de ses valeurs
propres, en venant, pour ses reprises, à contribution
avec d'autres créanciers. Quel intérêt aurait-elle alors
à renoncer, et quelle serait la portée de ce privilége si
précieux que le législateur conserve à la femme, même
malgré sa volonté le plus énergiquement formulée?

§ IX.

Nous avons rejeté à la fin de cette discussion l'examen d'une objection toute particulière, tirée contre
notre système de la législation sur les droits des femmes
des commerçants faillis. D'après les art. 557 et suivants du Code de commerce, la femme du failli reprend en nature les immeubles qui lui sont propres et
ceux qui ont été achetés de ses deniers particuliers,
pourvu que l'origine et l'emploi de ces deniers soient
dûment et authentiquement constatés. De même, pour

les meubles, c'est à elle à prouver, également par acte
authentique, et l'origine et l'identité de ces meubles
propres. Que si elle s'engage et fait des payements,
pour avoir droit à une indemnité, il faudra faire la
preuve qu'elle a bien payé avec ses deniers propres;
autrement, dit l'art. 562, elle ne pourrait exercer aucune action dans la faillite. On conclut de tout cet ensemble que le législateur, muet dans le Cod. Nap., s'est
expliqué en 1838 dans le Code de commerce; en conséquence, que la femme peut reprendre, titre de propriétaire, seulement les propres retrouvés en nature;
mais que, pour toutes les autres causes de reprises, elle
doit simplement exercer une action.

De l'aveu de ceux mêmes qui présentent cet argument, il est à remarquer qu'en 1838 le législateur n'a
entendu donner aucune explication particulière sur notre
question. En réalité, elle n'était pas encore posée. Je
l'ai dit en commençant : le système que nous attaquons
a cinquante années d'une application rarement combat-
tue. En 1838, il n'y avait aucune discussion particulière
à cet égard, et il nous semble tout à fait singulier de
chercher, soit dans le projet du Code de commerce,
soit dans la rédaction définitive, les éléments d'une so-
lution sérieusement raisonnée. Ajoutons encore qu'à
notre avis il ne faut point prendre le Code de commerce
pour expliquer le Code Napoléon. Tout au contraire,
bien des questions sur lesquelles le Code de commerce
reste muet, doivent se résoudre d'après les principes

posés dans le Code Napoléon. La législation commer-
ciale est une loi de dérogation : ses dispositions sont
des règlements d'exception, des prescriptions *sui gene-
ris*, résultant de la considération de certaines circonstances particulières plutôt que d'une déduction rigoureusement logique des principes généraux du droit.

C'est là le cachet caractéristique de cette législation
particulière sur les droits des femmes, en cas de faillite de leurs maris. Dans cette section IV comme dans
tout l'ensemble de la loi sur les faillites, le législateur
de 1838 est dominé par une préoccupation. Il a vu
organiser les fraudes impunément en plein soleil, trahir
le crédit, tromper la confiance des tiers, et il sait que
le commerce vit de confiance. Il a voulu assurer le
crédit en réprimant les fraudes et les abus. Il a été sé-
vère pour tout créancier, surtout pour ceux qui ont des
causes de préférence; et il a exigé un rigoureux examen et de la créance et de la cause de la préférence.
Souvent, en effet, le failli faisait passer dans les mains
d'un prétendu créancier privilégié des sommes considérables qui revenaient ensuite dans les siennes. Les
femmes surtout sont souvent complices de ces fraudes
auxquelles elles sont elles-mêmes intéressées. De là cette
rigueur à leur égard, cette tendance à restreindre leurs
droits autant que possible. On ne se préoccupe pas du
régime sous lequel elles peuvent être mariées; on se
place en dehors de tout principe particulier du contrat de
mariage. Quels que soient ces principes, quelques droits

qu'il en puisse résulter pour la femme, on les laisse de côté et on les remplace par une législation particulière. Dans cette législation, ce ne sont pas les intérêts des femmes qu'on cherche à conserver, mais bien les intérêts des créanciers, tous froissés par un malheur commun. Cette législation est édictée, pour ce cas particulier de la faillite, contre elle et en faveur des créanciers.

De ces prescriptions exceptionnelles, toutes spéciales d'ailleurs à une espèce dont la considération fait fléchir, d'après l'art. 559 du Code de commerce lui-même, tous les principes particuliers aux divers régimes du contrat de mariage, il est impossible logiquement de tirer une solide conséquence pour déterminer les principes généraux qui doivent réglementer spécialement un de ces régimes.

De la Litis Contestatio

CONSIDÉRÉE

DANS SES EFFETS SUR LE DROIT D'ACTION.

———◆———

§ Ier.

1. — La *litiscontestatio* n'est autre chose que l'engagement respectif des parties qui s'obligent, l'une
envers l'autre, à se soumettre à la sentence du juge
sur les prétentions et suivant les règles contenues dans
la formule qu'a donnée le magistrat. Quelle qu'ait été la
forme juridique de cet engagement, contrat ou quasi-
contrat, il donne naissance entre les parties à une nouvelle relation de droit qui remplace et détruit celle qui
existait précédemment entre elles. Il s'opère une sorte
de novation.

2. — Cette novation judiciaire diffère de la novation
conventionnelle : cette dernière, en effet, éteint l'ancienne obligation tout entière, principal et accessoires.
La première, au contraire, laisse subsister tous les
accessoires de l'obligation antérieure, gages, privilége,

hypothèque. On le comprend sans peine : dans une novation conventionnelle, tout dépend de la volonté des
parties, et elles sont libres de réserver les garanties
de l'ancienne obligation, ou de les adjoindre à la
nouvelle. La novation judiciaire est obligatoire pour
toute partie qui veut user de son droit d'action, et il
serait injuste de supposer qu'en usant de son droit, on
a voulu le restreindre. Mais il ne faut pas aller trop
loin : quand il s'agit d'une obligation de plusieurs débiteurs solidaires envers un créancier, ce rapport de
droit fait naître en la personne du créancier un droit
d'action. En exerçant ce droit d'action contre l'un des
débiteurs, le créancier épuisera tous les effets du rapport de droit primitif, en sorte que tous les autres
débiteurs seront libérés. L'engagement de la *litiscontestatio*, en effet, en remplaçant l'obligation antérieure
qui liait plusieurs débiteurs, aura rendu le lien de droit
particulier entre le créancier et le débiteur poursuivi.

3. — Il est encore une autre différence entre la novation conventionnelle et la novation judiciaire. La première éteint si complétement l'obligation primitive, que
l'exécution de cette obligation antérieure donnerait naissance à la *condictio indebiti*. Tout au contraire, la
novation judiciaire laisse subsister le principe de la première dette, et le débiteur qui paye avant le jugement,
paye justement. Reste seulement la question de savoir
si ce payement devra ou non empêcher de prononcer
la condamnation. Nous retrouverons cette question.

4. — Le lien de droit qui unit les parties avant la *litiscontestatio* n'est pas toujours détruit de plein droit, *ipso jure*, par l'engagement résultant de la *litiscontestatio*. Quand il s'agit d'une action *in rem*, on comprend en effet qu'il n'y ait pas de novation possible : comment remplacer un droit réel par un droit de créance? Dans les actions *in personam*, pour qu'il y ait véritablement novation, il faut encore qu'elles soient conçues *in jus*, et qu'elles aient le caractère de *judicium legitimum*. Si en effet la formule est conçue *in factum*, toute la question du procès se trouve reposer sur un fait, et la *litiscontestatio* ne peut pas faire que cet événement ait ou n'ait pas eu lieu. Il n'y a pas novation d'un fait. Enfin, lorsqu'il y a seulement *judicium in imperio continens*, le caractère temporaire de cette instance s'oppose à ce qu'elle puisse détruire un droit permanent. Pour toutes les actions *in rem*, comme pour toutes les actions *in personam* conçues *in factum* ou *in imperio continentes*, la *litiscontestatio* ne détruit point le principe du droit d'action ; c'est-à-dire qu'elle n'enlève pas au demandeur la faculté de demander une autre formule au magistrat, en se fondant sur le rapport de droit déjà mis en cause. Mais on arrive indirectement au but, que la novation fait atteindre tout de suite dans les actions où elle a lieu, au moyen d'une exception *rei in judicium deductæ* que le défendeur fait insérer dans la seconde formule.

5. — Le but pratique de la *litiscontestatio* et de

l'engagement qu'elle contient, est de soumettre les
parties à la sentence du juge, et, en assurant la condamnation et son étendue, de remettre les choses dans
l'état où elles auraient dû être mises, si le jugement
avait immédiatement suivi le moment où l'instance a été
liée. C'est, pour me servir de la formule d'un illustre
jurisconsulte, la réparation du dommage causé par la
durée inévitable du procès. Nous aurons donc à examiner quels préjudices ce retard peut occasionner, en
ce qui concerne soit le droit d'action lui-même, soit
l'étendue de ce droit, et comment la *litiscontestatio*,
par sa nature, peut parer à ces divers inconvénients.

§ II.

6. — Au début de l'instance, celui qui a droit d'action, le demandeur, n'a aucun moyen pour engager
contradictoirement le procès, si le défendeur se cache.
Pour remédier à ce grave inconvénient et pour obliger
le défendeur à se montrer, le préteur avait accordé au
demandeur une *missio in possessionem* des biens de
ce défendeur. Mais ce n'était là qu'un palliatif : il se
pouvait très-bien que la possession de ces biens ne dés-
intéressât pas le demandeur du préjudice causé par
l'impossibilité où il restait de faire valoir ses droits et
d'obtenir une condamnation. Lorsque la *litiscontestatio*

avait eu lieu, c'était tout autre chose : elle saisissait le juge de la question, et peu importait alors la présence ou le défaut de l'une ou de l'autre des parties ; le juge pouvait toujours examiner la question du procès et prononcer la condamnation ou l'absolution qui devait la vider.

7. — Pendant la durée de l'instance, la prescription peut éteindre tout droit d'action, et, en droit romain, un grand nombre de droits d'action s'éteignaient par une prescription très-courte. Ainsi, les actions prétoriennes en général ne pouvaient plus s'intenter, si elles n'étaient point entamées pendant l'année. On en sait la raison :[fondées sur l'*imperium* du magistrat, elles disparaissaient avec ce pouvoir. Mais, une fois la *litis-contestatio* consommée, l'action se perpétuait. Ce n'était plus précisément sur l'édit de préteur que le demandeur fondait son droit de poursuivre l'action et d'obtenir la condamnation, mais sur l'engagement personnel de soutenir le procès qu'avait pris le défendeur dans la *litiscontestatio ;* aussi, de temporaire qu'il était, le droit du demandeur était devenu perpétuel.

8. — Il peut encore arriver que pendant l'instance le droit d'action vienne à périr d'une autre façon. Dans une action noxale, la personne qui demande réparation du dommage, s'adresse au propriétaire de l'esclave ou de l'animal qui a causé ce dommage. Que pendant le cours du litige cet animal ou cet esclave vienne à être aliéné, et il n'y a plus de cause pour continuer à

agir contre l'ancien propriétaire. Mais, s'il y a eu *litis-contestatio*, ce propriétaire s'est engagé à soutenir le procès; il a fait l'action sienne, indépendamment de toutes circonstances qui pourraient lui enlever la propriété de l'esclave ou de l'animal.

9. — De même, dans les actions pénales, l'engagement de la *litiscontestatio* détruit encore la nature particulière du droit d'action qui résultait de l'obligation primitive. Dans ces actions en effet, le fondement du droit du demandeur est une sorte de délit dont la responsabilité ne peut porter que sur l'auteur lui-même. Cet auteur mort, tout est fini, et le demandeur ne peut en aucune façon agir contre les héritiers. Mais s'il y a eu *litiscontestatio* entre le demandeur et l'auteur du délit, ce dernier s'est engagé : il a contracté, quant au procès, une obligation qui se retrouve dans son hérédité et qui lie ses héritiers. — C'est de la même manière qu'une action populaire entre dans les biens du demandeur et lui devient personnelle.

10. — Que doit-il arriver lorsque, après la *litis-contestatio*, le débiteur s'exécute volontairement? Dans les actions arbitraires, il était évident que le juge devait absoudre le défendeur, puisque la condamnation était subordonnée précisément au défaut d'exécution volontaire. De même dans les actions de bonne foi, où tout se décidait *ex æquo et bono*, on ne pouvait équitablement condamner celui qui venait de fournir la prestation demandée — Mais, dans les actions de droit strict, il

y avait grave difficulté et les deux grandes écoles de
droit ne purent s'accorder. Les Proculéiens soutenaient
qu'il devait toujours y avoir condamnation ; les Sabi-
niens, toujours absolution. Justinien adopta cette dernière opinion, la plus vraie en équité. Mais, en droit
strict, les Proculéiens avaient raison, ce nous semble.
Le demandeur, en effet, après la *litiscontestatio*, ne
poursuivait plus la condamnation en vertu du rapport
de droit primitif : il se fondait sur l'engagement pris
dans la *litiscontestatio*, par lequel le défendeur s'obligeait à soutenir le procès jusqu'à la sentence, et à exécuter cette sentence. Pouvait-il logiquement être libre,
par un fait purement arbitraire de sa part, de se sou-
straire aux conséquences de son engagement?

11. — Lorsqu'il s'agit d'action *in rem*, le droit
d'action peut encore s'éteindre pendant le cours de l'instance par l'usucapion. Il est certain que la *litiscontestatio* n'interrompt point l'usucapion, et que l'accomplissement du laps de temps nécessaire pour usucaper
profite au défendeur. En ce cas, on vient indirectement
au secours du demandeur, et à l'engagement ordinaire
de la *litiscontestatio*, on ajoute une stipulation particulière qui oblige le défendeur à restituer au demandeur
la propriété qu'il pourra avoir usucapée avant la sentence, avec caution pour la réparation des dommages
qu'il aurait causés pendant le temps de sa propriété. La
litiscontestatio n'en reste pas moins avec sa grande
importance ordinaire. Elle fixe toujours l'époque à la-

quelle le juge doit se placer pour décider la question de propriété, et l'engagement accessoire a pour condition cette sentence rendue sur les prétentions qu'a formulées la *litiscontestatio*.

12. — Cet effet de la *litiscontestatio*, de préciser l'instant où il faut se placer pour apprécier la valeur de la demande, doit être pris en considération dans un cas tout opposé au précédent. Au lieu de perdre le droit en vertu duquel il agit, le demandeur peut l'acquérir après la *litiscontestatio*. Il peut, par exemple, devenir héritier du véritable propriétaire ou du véritable créancier de la chose par lui revendiquée ou réclamée. En ce cas, le défendeur doit être renvoyé de la demande, parce qu'il n'était encore né aucun droit au moment de la *litiscontestatio*. Mais ce rejet de la demande ne peut être opposé au demandeur, si plus tard il intente une seconde action fondée sur ce droit acquis depuis la *litiscontestatio* de la première instance.

§ III.

13. — Théoriquement, le jugement devrait immédiatement suivre le moment où l'instance a été liée entre les parties. Pendant le retard inévitable qu'entraîne l'examen de la question par le juge, l'objet du droit peut recevoir diverses modifications, soit qu'il

augmente, soit qu'il diminue. Nous aurons à examiner quels sont, dans ces diverses circonstances, les effets de la *litiscontestatio*, et comment elle influe sur l'étendue de la condamnation.

14. — Les accroissements dont l'objet du droit est susceptible peuvent être de deux sortes. Les uns sont purement accidentels, comme l'accroissement d'un immeuble par l'alluvion, ou encore l'acquisition des successions ou des legs dévolus au maître de l'esclave litigieux qui a été institué héritier ou légataire. Les autres sont réguliers et périodiques; ils prennent le nom de fruits : fruits naturels, si leur production résulte de la nature organique de l'objet qui les produit; fruits civils, si leur production, d'ailleurs régulière et périodique, est indépendante des lois de la nature organique et résulte de certains actes juridiques.

15. — Prenons d'abord les actions *in rem* : la condamnation doit comprendre non-seulement l'objet principal, mais tous les accessoires, tous les accroissements, soit accidentels, soit réguliers. On comprend, en effet, que si le demandeur eût été remis en possession au moment de la *litiscontestatio*, c'est lui qui aurait joui de tous ces accroissements. Mais la *litiscontestatio*, dans ces actions, n'a pas des effets absolus, et il faut tenir compte de certaines circonstances qui par elles-mêmes produisent les mêmes conséquences.

16. — Il faut en effet distinguer entre le possesseur de bonne foi et le possesseur de mauvaise foi. Le fait

de la mauvaise foi oblige le possesseur à tenir compte des fruits recueillis ou négligés aussi bien avant qu'après la litiscontestation. Cependant, en ce qui concerne les fruits négligés avant la *litiscontestatio*, cette rigueur envers le possesseur de mauvaise foi ne date que du sénatus-consulte Juventien sur la pétition d'hérédité. La mauvaise foi fut considérée comme une sorte de délit qui obligeait le possesseur. On étendit ensuite cette sévérité de la pétition d'hérédité aux autres actions réelles.

17. — Lorsque le possesseur est de bonne foi, la *litiscontestatio* a plus d'importance pratique. Jusqu'à ce qu'elle ait lieu en effet, le possesseur fait siens les fruits qu'il recueille. Mais aussitôt qu'elle est intervenue, le possesseur doit compte, non-seulement des fruits qu'il perçoit, mais encore des fruits négligés. Ce n'est pas à dire que le fait de la *litiscontestatio* ait détruit sa bonne foi ; mais, malgré toute sa confiance en son bon droit, il doit faire entrer dans ses prévisions la possibilité de perdre son procès, en sorte qu'il doit se considérer jusqu'à un certain point comme le détenteur et l'administrateur du bien d'autrui. Il faut donc qu'il apporte à cette administration toute la diligence d'un bon père de famille, et le fait de négliger la récolte des fruits est un manquement à cette obligation. Il constitue une faute dont le possesseur est responsable vis-à-vis du demandeur. *Hi fructus in restitutione præstandi sunt petitori, quos unusquisque dili-*

yens pater-familiàs et honestus colligere potuisset.

18. — La loi 78, D. *de rei vindicatione,* semble contraire à notre doctrine sur l'obligation du possesseur de bonne foi de rendre compte des fruits négligés. Il y est dit que si on ne recueille aucun fruit sur l'immeuble d'autrui que l'on possède, on ne doit rien : *nihil ejus fundi fructum nomine te dare oportet.* Cette apparence s'explique facilement. Les fruits que le possesseur a recueillis après la *litiscontestatio* peuvent être réclamés de plusieurs manières : on peut sans doute les faire comprendre comme accessoire dans la condamnation principale. Mais on peut encore se servir d'actions particulières : revendication, s'ils existent encore en nature; *condictio,* s'ils ont été aliénés ou consommés. Pour les fruits négligés, les moyens de recours particuliers ne peuvent exister, et c'est là simplement ce que veut exprimer notre texte. Il est impossible de revendiquer les fruits négligés, puisqu'il faut dans l'action en revendication que le défendeur soit possesseur de la chose revendiquée au moins dans le moment de la condamnation. Il est également impossible de réclamer leur valeur par la voie d'une *condictio,* puisque le possesseur n'en a jamais profité et que c'est là la base de toute *condictio.* L'expression du texte *nomine dare oportet* ne laisse aucun doute sur cette explication. Mais on ne doit point en conclure que les fruits négligés ne peuvent pas être compris dans la *omnis causa* sur laquelle doit porter la condamnation.

19. — Dans les actions personnelles, comme dans les actions réelles, il se rencontre des circonstances qui absorbent, quant aux fruits, les effets de la *litiscontestatio;* ainsi, quand l'action consiste en une *repetitio*, il y a obligation, de la part du défendeur, de restituer tous les fruits et accessoires, indépendamment de tout litige. C'est une application du principe que personne ne peut s'enrichir aux dépens d'autrui. — De même, quand on demande une chose *quod sua non fuit*, et que l'action est de bonne foi, on regarde que la convention implique dès l'origine l'obligation de restituer les fruits. D'ailleurs, en ces actions, les clauses spéciales de la convention et le fait de la *mora* entraînent cette restitution dans la plupart des cas, indépendamment de la *litiscontestatio.* — Mais cette dernière a des effets très-importants quand il s'agit des actions de droit strict. En vertu de son droit primitif, le demandeur ne peut réclamer rigoureusement que l'objet principal sans aucun accessoire. C'est seulement l'engagement de la *litiscontestatio* qui oblige le défendeur à réparer le préjudice causé par le retard du jugement, et par conséquent à restituer les fruits.

20. — Au lieu d'accroissements, l'objet litigieux peut éprouver des diminutions; nous avons à examiner les effets de la *litiscontestatio* dans les divers cas qui peuvent se présenter. Commençons par le cas où il y a eu perte totale ou partielle de l'objet du droit. — Si cette perte est amenée par la faute ou le dol du défen-

deur, il doit une indemnité. L'engagement qu'il a pris
dans la *litiscontestatio* l'oblige en effet à administrer la
chose litigieuse avec une grande diligence. Dans les
actions *in rem*, nous devrons assimiler à la perte la
dépossession amenée par sa négligence. Inutile d'ailleurs de distinguer entre la bonne et la mauvaise foi.
La dette de l'indemnité, en pareil cas, a pour but de
réparer le préjudice causé par l'inexécution d'un engagement. Cette distinction n'est utile que pour le temps
qui précède la *litiscontestatio* : même avant cet acte,
en effet, le possesseur de mauvaise foi est responsable
de sa faute. De même, dans les actions personnelles, il
faut regarder comme débiteur d'une indemnité le défendeur dont la faute ou le dol est la cause d'une perte ou
d'une dépossession qui rend impossible l'exécution de
l'obligation.

21. — Lorsque la perte de la chose litigieuse a lieu
par cas fortuit, il s'élève de graves difficultés. Je crois
fortement que la *litiscontestatio* par elle-même ne peut
rendre le débiteur responsable de la perte accidentelle.
*Nec enim debet possessor aut mortalitatem præstare,
aut propter metum hujus periculi temere indefensum
jus suum reliquere.* L. 40, pr. D. *de hered. petit.* Il
y a, je pense, dette d'indemnité de la part du défendeur, seulement lorsqu'il était en demeure : *Si liti-
gare maluit quam restituere;* ou bien encore s'il était
possesseur de mauvaise foi. La *mora* ou la *mala fides*,
telles sont les circonstances où la perte accidentelle peut

rendre le débiteur responsable. Mais ce sont là des faits indépendants de la *litiscontestatio*, qu'il s'agit de constater, mais qui n'en sont point une conséquence. Il peut arriver cependant que la *litiscontestatio* soit, en certains cas, regardée comme le moment où commence la *mora* ou la *mala fides*. Ainsi, quand il s'agit du *prædo hereditatis*, le seul fait de l'engagement contradictoire de l'instance frappe de mauvaise foi la position particulière de ce possesseur. C'est ce qu'exprime formellement Paul, dans le texte précédemment cité.

22. — Dans tous les cas où le défendeur doit une indemnité, il s'agit de l'évaluer et de préciser le moment où il faut se placer pour faire cette évaluation. C'était là une question importante dans le droit romain, puisque toutes les condamnations devaient être pécuniaires. Pour la résoudre, il faut tout d'abord faire une distinction entre les actions de bonne foi et les actions de droit strict. *In hac actione sicut in cæteris bonæ fidei judiciis, similiter in litem jurabitur : et rei judicandæ tempus quanti res sit observatur : quamvis in stricti juris judiciis litis contestatæ tempus spectetur.* Ce texte, en faisant la distinction dont je viens de parler, consacre une exception à la règle générale qui a été précédemment posée. Quand il s'agit d'action de bonne foi, on abandonne la considération du moment de la *litiscontestatio*. On évalue l'objet du droit au moment du jugement. L'expression de *quamvis* prouve bien d'ail-

leurs qu'il s'agit ici d'une dérogation à une règle rigou-
reuse du droit. Des considérations d'un autre genre ont
fait fléchir ce principe rigoureusement logique, que le
jugement doit se placer à l'instant où la question a été
contradictoirement posée entre les parties. On n'a pas
voulu que la crainte de voir la chose litigieuse se dété-
riorer empêchât le défendeur de soutenir ses droits.

23: — La règle générale, c'est-à-dire l'appréciation
au moment de la *litiscontestatio*, reprend son cours,
quand il s'agit d'actions de droit strict. Mais il est un
texte qui vient contrarier cette règle d'une façon si claire,
au moins en apparence, qu'on ne peut le laisser passer
sans explication. Je veux parler de la loi 3, D. *de condic.
tritic.* : *In hac actione, si quæratur res quæ petita est,
cujus temporis æstimationem recipiat, verius est, quod
Servius ait, condemnationis tempus spectandum.* Malgré son apparence, ce texte se prête à une explication
facile. Il s'agit seulement, en effet, d'expliquer le mot
condemnationis. La *condemnatio* n'est point ici la sentence rendue contre le débiteur, mais simplement la
dernière partie de la formule donnée par le préteur, dont
la rédaction coïncidait exactement avec le moment de la
litiscontestatio. Malgré la difficulté que peut souffrir
cette explication, sa simplicité nous l'a fait adopter. Il
nous paraît, en effet, impossible de supposer qu'Ulpien
a eu dans ce passage l'intention de rejeter le principe

qu'il a lui-même si clairement et si formellement établi dans la loi 3, § 2, D. *Commod.*

24. — Les règles que nous venons d'examiner, quant aux actions de bonne foi et aux actions de droit strict, souffrent des exceptions, et la *litiscontestatio* n'a plus que des effets pratiques très-secondaires. Lorsque le contrat contient lui-même la fixation du jour où il doit être exécuté, c'est à ce moment qu'il faut se placer pour faire l'estimation. Le créancier, en effet, a précisément indiqué d'avance l'époque où il avait intérêt à recevoir l'objet de la convention. Pour que le jugement lui fasse avoir la valeur sur laquelle il devait compter, il faut se placer à l'époque indiquée par le contrat.

25. — Lorsqu'il y a *mora*, mise en demeure du débiteur, le créancier manifeste ainsi sa volonté de voir exécuter la convention et de recevoir ce qui lui est dû; il a donc le droit de choisir entre le moment de la mise en demeure et l'époque fixée par la règle générale, quand il n'y a pas de *mora*. Le texte de la loi 3, D. *de condict. tritic.*, dont nous avons déjà parlé, confirme pleinement cette opinion. On donne au créancier la faculté de prendre l'estimation au moment de la mise en demeure : *ad tempus moræ in his erit reducenda æstimatio*, afin que ses intérêts ne soient pas lésés par la détérioration survenue à l'objet de son droit depuis cette époque : *si quis post moram servum eluscatum*

dederit, nec liberari eum. L'exception, pour le cas de *mora,* et son motif se trouvent parfaitement établis ; mais on n'enlève point au créancier le droit de suivre la règle générale, malgré l'existence de la *mora,* si c'est là son intérêt. Cet effet de la mise en demeure a de singulières conséquences quand il s'agit de vol. Le propriétaire peut réclamer la plus grande valeur que sa chose a eue depuis le délit, *semper enim moram fur facere videtur.*

26. — Nous terminerons en observant que ces différentes règles s'appliquent aux actions *in rem* et aux actions *in personam* nées de contrats ou de quasi-contrats. Mais, dans les actions qui ont pour base des délits, le principe est différent : on est plus rigoureux pour le débiteur, et le créancier a toujours le droit de lui demander la valeur la plus forte que l'on ait pu estimer depuis l'accomplissement du délit, comme dans l'action de vol. Il arrive que l'on se place encore au moment de l'accomplissement du délit, pour faire l'estimation, mais d'après la plus grande valeur qu'a pu avoir, dans un temps antérieur déterminé, l'objet sur lequel le délit a été commis, comme dans la loi 21, D. *ad legem Aquiliam.*

27. — Lorsqu'il s'agit de choses fongibles, on n'a plus à s'occuper des changements qui pourraient affecter la chose due en elle-même, puisque cette chose n'est pas précisément déterminée ; mais il faut alors prendre en considération les variations du prix de cette valeur.

Les règles à appliquer sont absolument les mêmes que nous venons d'expliquer. Il y a, en effet, une assimilation complète à faire, d'abord entre l'accroissement de la valeur par la hausse du prix et l'accroissement de la chose déterminée que l'on réclame, par l'alluvion ou d'une manière analogue; ensuite entre la diminution de la valeur par la baisse du prix et la perte ou la détérioration accidentelle d'un objet précis du droit d'action. Nous nous contentons de répéter que la *litiscontestatio* n'exerce d'influence que dans un petit nombre de cas, et que la mise en demeure et la mauvaise foi du débiteur absorbent, la plupart du temps, ses effets.

POSITIONS.

DROIT CIVIL.

1° Conditions nécessaires pour qu'un époux ait droit à un prélèvement.

2° Y a-t-il lieu au prélèvement, si l'époux a vendu un immeuble entre le jour du contrat et le jour de la célébration du mariage? — Oui.

3° Quotité de la valeur à prélever, art. 1436. — *Quid*, si le prix déclaré dans l'acte de vente n'est pas le prix véritable? — L'époux a le droit de prouver quel est le véritable *quantum* de ce prix.

4° *Quid*, lorsque le prix de vente n'est payable

qu'un certain temps après la délivrance de l'immeuble, sans intérêt? — Il faut déduire, pour le prélèvement, la valeur de la jouissance dont la communauté a été privée.

5° Lorsqu'un époux aliène un droit temporaire, un usufruit par exemple, moyennant un prix déterminé et acquis pour toujours, mais dont le revenu est inférieur à celui de l'usufruit, le prélèvement de ce prix n'a lieu que déduction faite, au profit de la communauté, de la différence totale qu'il y a eu à son préjudice entre les deux revenus.

6° Y a-t-il lieu au prélèvement de la somme payée pendant le mariage à un époux par un tiers qui exerce contre lui une action en réméré ou en rescision de vente pour cause de vilité de prix, et qui reprend ainsi un immeuble dont cet époux avait la possession au moment du mariage? — Oui.

7° En est-il de même de la somme payée comme supplément de prix par l'acquéreur d'un immeuble d'un époux qui exerçait contre lui une action en rescision pour cause de vilité de prix? — Oui.

8° Distinctions à faire dans le cas où l'époux reçoit une somme d'argent d'un tiers contre lequel il exerçait une action fondée sur un droit immobilier.

9° *Quid*, si, dans un partage de succession, par suite de l'inobservation de l'art. 832 C. N., un époux a reçu plus de valeurs mobilières et moins d'immeubles qu'il n'avait droit? — Il n'y a point lieu à récompense, sauf le cas de concert frauduleux entre les copartageants de l'époux et l'autre conjoint.

10° Lorsque les immeubles d'une succession dont l'un des époux est copartageant sont licités et achetés par un des cohéritiers, y a-t-il lieu à prélever la somme d'argent que l'époux aura touchée? — Oui.

11° Comment doit-on calculer la récompense due à l'époux sur l'immeuble duquel on a ouvert une carrière ou une mine pendant le mariage? — Sur la détérioration de cet immeuble.

12° Y a-t-il lieu à prélèvement, lorsqu'un trésor a été trouvé sur un propre d'un époux? — Non.

13° Faut-il que le mari déclare, pour le remploi de l'art. 1434 C. N., que l'acquisition est faite de deniers provenant de la vente d'un de ses propres *et* pour lui servir de remploi? — Oui.

14° Lorsqu'il s'agit du remploi des propres de la femme, faut-il nécessairement faire cette double déclaration au moment de l'acquisition? — Oui.

15° Peut-on acheter un immeuble en remploi d'un propre que l'on a l'intention de vendre? — Non.

16° Distinctions à faire, au point de vue de la récompense due à la communauté, lorsqu'elle rachète une rente moyennant laquelle un époux avait acquis un immeuble avant le mariage.

17° La communauté a-t-elle droit à récompense, lorsqu'elle a payé la dot d'un enfant d'un premier lit, quand cette dot a été promise avant le second mariage? — Oui.

18° La communauté peut-elle avoir récompense, quand un époux fait prononcer la résolution, pour cause de non-payement du prix, d'une vente d'immeuble consentie avant le mariage? — Non.

19° En est-il de même si elle a payé des réparations civiles auxquelles le mari a été condamné? — Elle a droit à une récompense.

20° Distinguer, au point de vue de la récompense, entre les différentes impenses que la communauté peut avoir faites sur les propres des époux.

21° La communauté doit être indemnisée des frais

de labour et d'ensemencement, lorsque les fruits sont encore pendants au jour de la dissolution.

DROIT ROMAIN.

1° La *litiscontestatio* a-t-elle lieu *in jure* ou *in judicio?* — *In jure.*

2° Suffit-il de la *litiscontestatio* pour constituer la *mora* ou la *mala fides* du défendeur? — Non. Explication des lois 20, § II, D. et 28, § VII, D. *de hered. petit.*

DROIT COMMERCIAL.

1° L'autorisation de justice peut-elle remplacer celle du mari pour rendre la femme habile à faire le commerce? — Non.

2° Le commanditaire est-il contraignable par corps pour le payement de la somme promise à la société? — Oui.

DROIT CRIMINEL.

1° L'ivresse peut-elle être une cause d'acquittement? — Oui.

2° Un jugement correctionnel est-il contradictoire lorsque le prévenu, légalement représenté, refuse de comparaître en personne sur l'ordre du tribunal? — Oui.

3° Le cumul des peines est-il admis en matière de délits forestiers? — Oui.

DROIT ADMINISTRATIF.

1° Les conseils de préfecture sont-ils juges de droit commun en matière administrative? — Oui.

2° Faut-il avoir la qualité de Français pour participer à la jouissance des biens communaux? — Oui.

3º La loi du 10 vendémiaire an IV est-elle appli-
cable à Paris? —

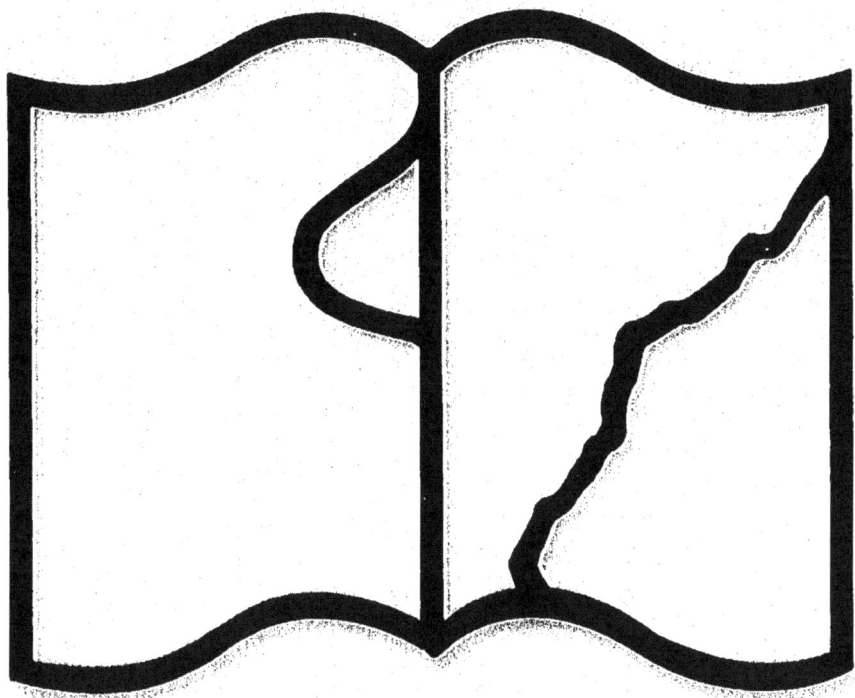

Texte détérioré — reliure défectueuse

NF Z 43-120-11

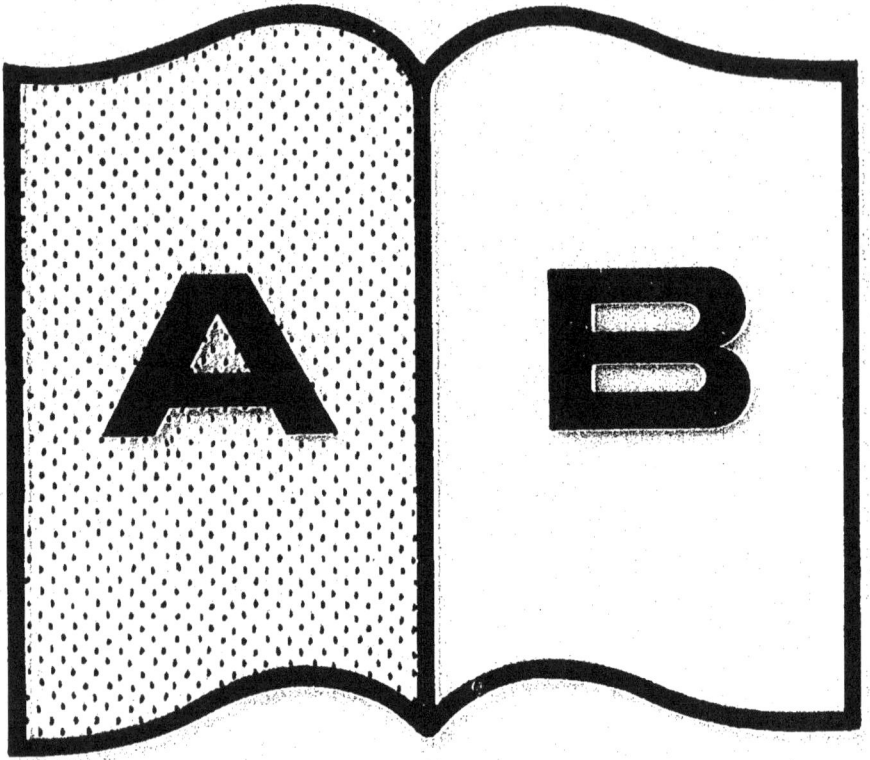

Contraste insuffisant

NF Z 43-120-14

www.ingramcontent.com/pod-product-compliance
Lightning Source LLC
Chambersburg PA
CBHW050604210326
41521CB00008B/1102